墨香财经学术文库

"十二五"辽宁省重点图书出版规划项目

组织公平感对员工建言行为的影响研究

基于物质主义与责任心人格的调节作用

Research of the Effects of Perceived Organizational Justice on Employees' Voice Behavior

Based on the Moderating Effects of Materialism Values and Conscientiousness

张 琢 著

东北财经大学出版社
Dongbei University of Finance & Economics Press
大连

图书在版编目（CIP）数据

组织公平感对员工建言行为的影响研究——基于物质主义与责任心人格的调节作用 / 张琢著. —大连：东北财经大学出版社，2023.5
（墨香财经学术文库）
ISBN 978-7-5654-4732-7

Ⅰ.组…　Ⅱ.张…　Ⅲ.企业组织-影响-企业管理-人事管理-研究　Ⅳ.F272.92

中国版本图书馆CIP数据核字（2022）第251701号

东北财经大学出版社出版发行
大连市黑石礁尖山街217号　邮政编码　116025
网　址：http://www.dufep.cn
读者信箱：dufep @ dufe.edu.cn
大连图腾彩色印刷有限公司印刷

幅面尺寸：170mm×240mm　字数：153千字　印张：10.5　插页：1
2023年5月第1版　2023年5月第1次印刷
责任编辑：李　彬　孙　平　王　娟　王芃南　责任校对：孙　娟
封面设计：原　皓　版式设计：原　皓
定价：48.00元

教学支持　售后服务　联系电话：（0411）84710309

如有印装质量问题，请联系营销部：（0411）84710711

前言

市场竞争要求企业鼓励员工积极向管理者建言献策，提出改进管理与改善工作的建议，此即为建言行为。但员工的建言行为并非自然产生，而是会受到许多组织因素、文化因素以及个体因素的影响。比如，如果员工发现组织管理者用人唯贤、赏罚公平，员工就会更高水平地投入工作，如果有提高生产效率的建议也会向管理者提出来；相反，如果员工发现管理者用人唯亲、赏罚不公，员工就会离心离德，即使有非常好的改进工作的建议，也不会与组织分享。

同时，组织是否公平可以影响到员工对组织的情感。如果组织公平、公正地对待员工，员工就会对组织有更积极的认同，也会在情感上更为依恋组织，这又会使员工更愿意表现出较多的积极的组织公民行为。可见，组织公平感不仅直接影响着员工的建言行为，而且还可能通过影响组织情感而间接作用于建言行为。那么，组织公平感、组织情感承诺以及建言行为三者之间有何关系，根据文献阅读发现以往的研究较少关注这一点。

此外，个体的价值观与人格影响其感知与行为。那些重视物质占有的个体会更倾向于追求金钱或工资待遇而较为轻视情感关系，那些具有责任心人格特征的个体在应对任务时更认真、更投入。这可能意味着物质主义价值观能够调节组织公平感与情感承诺的关系，而责任心人格可能也会影响到情感承诺与工作行为的关系。以往的研究在考察组织公平感与建言行为的关系时，较少关注到这两个个体变量，本书将给予关注。

基于上述背景，本书通过向北京、上海、大连、沈阳、本溪5个城市的11家企业发放调查问卷，得到有效被试440份并进行实证研究，通过研究，考察了其组织公平感、情感承诺、建言行为、物质主义价值观以及责任心人格之间的关系，并通过事后访谈给予了进一步深入分析。详细内容如下所述：

第1章为绪论部分。本章介绍了本书的现实背景与理论背景，提出了本书的研究问题，阐述了研究意义以及可能的创新点，与此同时还介绍了本书的方法思路以及框架结构。

第2章为概念阐述部分。本章界定了组织公平感、组织情感承诺、建言行为、物质主义价值观以及责任心人格的含义、测量方式以及它们之间可能存在的关系。

第3章为假设推导与概念模型部分。本章梳理了组织公平感、情感承诺、建言行为、物质主义价值观以及责任心人格5个变量之间的相关研究以及结果，并且基于这些文献分析结果提出了研究的假设以及模型。

第4章为测量工具考量，即本书的预研究部分。本章使用上述5个变量的测量工具测量了预研究样本，使用信度分析、结构方程建模等统计技术考察了这些量表的信度与效度，并且初步考察了这些变量之间的关系以及研究假设。

第5章为变量关系考察，即本书的正式研究部分。本章通过以北京、上海、大连、沈阳、本溪5个城市11家企业的440名员工为样本进行实证研究，得到以下验证结果：（1）企业员工的组织公平感与其建言行为显著正相关，在控制员工性别与工龄后，员工的组织公平感可以正向预测其建言行为；（2）员工组织公平感既可以直接影响其建言行为，又可以通过作用于组织情感承诺而间接影响建言水平，由此员工组织情感承诺是组织公平感与建言行为之间的中介变量；（3）员工物质主义价值观是组织公平感与组织情感承诺之间的显著调节变量，相比于组织公平感较低的情境，在组织公平感较高的情境中，低物质主义者更倾向于比高物质主义者有较高的组织情感承诺；（4）员工责任心人格是其组织情感承诺与建言行为之间的显著调节变量，相比于低情感承诺的情境，在高情感承诺情境中，高责任心人格者比低责任心人格者更倾向于有较高的建言行为倾向；（5）员工的性别影响其组织公平感与物质主义价值观与情感承诺，相比于男性员工，女性员工有更高水平的组织公平感与情感承诺，有更低水平的物质主义价值观；（6）员工的工龄则显著影响上述5个变量，相比于低工龄者，高工龄者有更高水平的组织公平感和情感承诺、更高水平的责任心人格和建言行为，以及更低水平的物质主义价值观。研究的主要假设皆得到较好的支持。

第6章为讨论与分析部分。本章深入评价了预研究中量表信度与效度的考察，详细评析了正式研究中得到的结果，并对研究假设与模型的验证进行了详细的说明。本章深入地揭示了员工组织公平感影响其建言行为的机制，包括组织情感承诺、物质主义价值观与责任心人格的作用。

第7章为研究后的访谈。通过访谈被调查的员工，我们发现员工的组织公平感、物质主义价值观、责任心人格、组织情感承诺皆在一定程度上与员工的建言行为有着紧密的关联，这进一步表明，本研究将这5个变量同时纳入模型中的必要性，也在一定程度上佐证了相应的研究假设。

第8章为管理意义与建议。本章主要基于本研究的思路与结果向管理者提出了若干建议，以便在组织管理中强化员工的建言行为。第一，管理者应该使员工感觉到组织公平，包括分配公平、程序公平与互动公平；第二，管理者要采用策略增强员工对组织的情感承诺水平；第三，管理者要通过组织文化引导员工的价值观念；第四，管理者既要适当激励责任心人格较高的员工，也要努力鼓励责任心人格较低的员工。

第9章为研究结论与展望。本章主要总结了本研究的主要结论，并且分析了本研究的不足之处，以及未来研究的关注之处。

本书得出的主要结论是：（1）在组织情境中员工感受到较多的组织公平感时，其建言行为将会得到增强，主要原因在于，组织公平感能够增强员工对组织的情感承诺，从而让员工愿意建言献策；（2）在相同组织公平感的情境中，相比于高物质主义的员工，那些低物质主义者更可能对组织有较高的情感承诺，这意味着他们会有更多的建言行为；（3）当员工对组织有较高的情感承诺时，相比于责任心人格较低的员工，那些责任心人格较强的员工更可能表现出较多的建言行为；（4）一般而言，工龄较长的员工有更高的组织公平感、更高的组织情感承诺、更多的建言行为、更高的责任心人格以及较低的物质主义倾向；（5）与男性员工相比，女性员工有更高水平的组织公平感与组织情感承诺、较低的物质主义倾向；（6）管理者要让员工感受到较多的组织公平，要增强员工组织情感承诺，并且根据岗位的需求招聘合适的员工，比如低物质主义倾向以及责任心人格较强的员工，这样才能更好地增加员工的建言行为。

相比于以往同领域研究，本书创新点主要体现在：（1）在组织公平感影响建言行为的逻辑背景下，强调了组织情感承诺的中介效应；（2）揭示了员工物质主义价值观对组织公平感与情感承诺的调节作用；（3）揭示了员工责任心人格在组织公平感与建言行为之间的调节作用。总而言之，本书的思路与模型既关注了员工的认知、价值观与情感过程，同时也关注了人格因素，更为深入和较为周全地探讨了员工组织公平感对建言行为的内部机制的影响。

本书是辽宁省教育厅基本科研项目《基于事故致因理论的辽宁省较大渔业事故安全管理研究》（项目编号：LJKMR20221129）的阶段性研究成果，得到该项目资助。

作　者

2022年10月

目录

1 绪论

本章主要介绍本研究的现实背景与理论背景、现实意义与理论意义、考察的主要问题以及方法、思路和建构等内容。这一章是整个研究的纲目，决定了研究的主要范畴与结构安排。

1.1 研究背景

1.1.1 现实背景

随着市场竞争越来越激烈，企业的管理越来越关注细节过程以及员工的参与。从现实的管理实践来看，企业的正常运转需要管理者及时地知道组织中发生的事情（Quick，Nelson，刘新智，闫一晨 & 邱光华，2013），也就是说，企业运作的信息应该是“从下到上”流动畅通的，这意味着基层员工必须能够主动积极地将自己观察到的现象告知管理者，或者说员工应该愿意主动地展开建言行为。这一点对组织的管理非常重要。

现实管理的实践表明，当组织鼓励员工参与管理、提出建议以及进行一定范围内的自主决策时，企业的市场竞争力就会持续增强。相反，当忽略或抑制员工的这些行为时，企业的管理者就不会得到必要的企业运行信息，这直接导致决策风险的增加，最终削弱企业的市场竞争力（Strader，Lin & Shaw，1998）。没有听取员工建议而导致的管理问题很常见，比如，美国能源巨头安然公司在正式倒闭之前，已经在其内部出现了很多不利的情势，特别是，公司的财务状况以及运作方面已经出现了明显的问题，这些问题基层员工比高层管理者更为担忧，但是，由于组织的气氛是“我们永远第一，我们无往不胜”，管理者也没有设立制度框架来鼓励员工积极地为组织提出建议，这最终导致组织中的问题越积越多，越积越严重，最终导致公司在金融方面出现重大失误，企业倒闭无可避免（Milliken，Morrison & Hewlin，2003）。实际上，很多企业不是倒在竞争者的面前，而是倒在员工离心离德之上：他们很少真正地关心组织运作情况，即使有明显失误，他们也不会主动上报。

中国传统的管理文化也要求管理者要多了解下属的心声，同时也要求员工有主人翁精神，不仅做好自己职责内的事务，还要主动向组织提出建议或意见（赵慧军，2000）。但是，组织中员工的行为受很多因素影响，除了传统文化要求员工守则、奉献之外，企业内部的管理气氛、人际关系以及组织制度设计等都可以显著影响员工的工作心态与外显行为（俞文钊，2005）。比如，常见的情况之一是，如果员工发现管理者用人唯贤、赏罚公平，员工就会更为主动地将心思更多地投入到工作中去，如果有提高生产效率的建议也会向管理者提出来；相反，如果员工发现管理者用人唯亲、赏罚不公，员工就会离心离德，或身在曹营心在汉，即使有非常好的改进工作的建议，也不会与组织分享。管理学者德鲁克也认为，员工对管理方式的看法以及员工对组织制度公平与公正的认知会在很大程度上影响员工是否愿意积极参与组织管理。可见，对于组织中的员工而言，其建言献策的意愿与行为和组织内部的公平与公正有紧密的关联。

同时，在现实管理中还会注意到，管理者的行为或组织制度可以明显影响员工对组织的情感联系，比如，当员工发现自己在组织中可以得到平等对待以及管理者处事对人很公正时，员工就会更多地在情感上认同企业，更愿意在未来的时间内依旧在组织中工作，这样，他们在组织中也会展开更多的公民行为，包括关心自己职责以外的事务、向组织进言献策甚至举报不良员工行为等（赵慧军，2000）。从这一事实中可以推断，组织内部的环境（如公平与公正）可以增进员工对组织的感情，然后又会使员工关注组织的利益。

在同样的组织情境中，员工的人格特征会影响到他们的组织行为，比如，很多管理者会发现，在同样的激励制度之下，那些有责任心的员工会非常认真地对待工作，包括不是自己职责范围内的事情；那些重视工资待遇或者金钱观念较强的员工，更可能另谋高就，或者说他们有较低的组织忠诚与情感联系（Mäkikangas，Kinnunen & Feldt，2004）。同时，在现实职场的招聘活动中，企业也会非常愿意录用那些对工作认真负责以及遵守规则的应聘者，以及那些不过于重视物质待遇的员工。这些现象说明，在特定的组织情境中，员工的个体特征会在一定程度上调节他们与组织的关系以及其组织行为（包括建言行为）。但回顾以往的类似研究，较少有研究者关注这一点。

在任何组织中，员工的组织行为是组织环境（如公平与公正的管理）、员工个体特征（如其物质主义价值观与其责任心人格）以及社会文化背景（如集体主义）三者的函数（王里，2012）。因此，对于管理者而言，应该在宽阔的视野之下，建构良好的组织环境，同时雇用具有特定个体特征的员工来为组织做出贡献。本研究的根本目的正在于此：努力揭示组织公平如何影响员工的建言行为。

1.1.2 理论背景

组织公平感已经受到了很多学者的关注，一般认为，在组织情境中，当员工感受到组织的管理具有公平与公正时，员工会展开更多的组织公民行为，比如，员工的工作嵌入水平会更高，员工会更愿意留在组织中工作（Pinder，2014）。但是，至今为止，较少有研究者发现组织公平感与建言行为的关系。根据心理学的理论，个体的行为是个体特征（如价值观与人格）、环境以及个体如何看待环境三者相互作用的结果

(Strautmanis，2006)。依此来看，在一个组织中，组织公平与员工建言行为之间可能存在着其他个体变量在发挥着作用。比如，有些学者发现，员工的心理安全感是员工感知管理方式与建议行为之间的中介变量：当员工积极评价管理方式时，就会有较强的心理安全感，这样他们就会积极进言献策，也就是说，员工如何评价管理方式并不会直接导致建言行为，而是通过心理安全感的作用（吴维库，王未，刘军 & 吴隆增，2012)。但是，在组织公平与建言行为之间是否有其他中介变量(如员工对组织的情感联系)，到目前并没有其他研究者提及。

在员工建言行为研究领域中，情绪与情感日益受到学者们的关注。比如，情绪事件理论（Weiss & Cropanzano，1996）指出，员工的建议行为与其组织生活中的情绪和情感有关联，员工长期积累的积极情绪或情感可能会促进其建言行为，相反，对组织有长期的消极情绪体验的员工很少有建言行为。而情绪反馈理论（Baumeister，Vohs，DeWall & Zhang，2007）与情绪循环理论（Hareli & Rafaeli，2008）也尝试性地解释了员工对组织的情绪与情感在其建言行为中的作用。组织承诺的研究表明，如果员工对组织有较高的情感认同，就会认为自己在情感上依赖于组织，这样，他们在心理上就会对工作有更多的卷入（Mowday，Porter & Steers，2013)。本研究推测，当员工认为组织公平与公正时，就会对组织有较高的情感承诺（即认为自己在情感上与组织有紧密的关联)，从而更愿意表现出建言行为。这将从理论上丰富人们对组织公平、员工情绪与情感的理解。

同时，组织行为学的研究表明，即使在相同的组织环境感知情况下，个体特征依然显著影响着员工对自己与组织关系的看法或评价。比如，在有类似公平感的员工中，那些特别重视归属需要的员工更可能认为自己属于目前的组织，而那些特别看重物质占有的员工，则会表现出较低的组织情感承诺水平（Hill，Seo，Kang & Taylor，2012)。这可能意味着，物质主义价值观念调节着员工组织公平感与其组织情感承诺。但在目前的组织公平研究中，尚没有研究者用定量的方式来考察员工组织公平感、物质主义价值观与员工情感承诺的关系。

总而言之，综观组织公平与建言行为的定量研究，依然很少有研究者将组织公平、员工情感承诺与建言行为整合到一个理论框架中去理解，同时，没有研究者关注员工的物质主义价值观与责任心人格特征在组织公平与建言行为之间的调节作用，这不仅局限了人们对组织公平的理解，也限制了人们对建言行为的有效解释。

1.2 研究意义

1.2.1 现实意义

在当今的组织管理中，管理已经不仅仅是管理者或领导者的事情，分布式管理提倡员工具有较高的自主性空间以及一定的决策权力，这意味着管理过程中越来越需要员工对组织运行时刻关注，并且随时将观察到的不正常现象报告给管理者，以便进行提前控制（Robbins，Judge，Millett & Boyle，2013）。简言之，鼓励员工建言以及重视员工建言是更为有效地提升组织管理有效性的必备之举。但是，对于现实的管理者而言，应该从哪些方面来促进员工的建言行为呢？要回答这一问题，必须首先理解哪些重要的组织因素影响员工建言行为，以及哪些可以容易识别的员工个体特征能够影响其建言行为，本研究通过量化考察，对这两个疑问给予了很好的回答，因此，本研究的思路与结果将在很大程度上提高现实管理者对管理过程（特别是组织公平与公正方面）的意识，以及对员工进行有效筛选和培训的警觉。具体而言，本研究的现实意义主要体现在如下3个方面：

首先，提醒管理者要注重组织公平与公正，特别是要关注员工能否感知到组织的公平与公正。这是管理者可以有效掌控甚至操纵的组织变量。在现实管理中，很多管理者不太重视管理制度与方式的公平与公正性，这在一定程度上伤害了员工对组织的情感，最终导致消极的员工行为。本研究的结果将表明，当员工感受到组织公平与公正时，他们对组织会有积极的情感依赖，从而增强其建言献策的行为，这显然会增强管理的有效性，提高组织效率。

其次，本研究将告诉企业管理者，在员工招聘与培训时，应该特别重视员工的个体特征，尤其是其物质主义价值观与其责任心人格。当员工物质主义倾向明显时，员工就会有较低的组织情感承诺；而责任心较高时，员工也会有较强的建言行为。这两个个体特征可以通过简便的心理测量方式进行甄别，从而提高员工招聘的有效性，为组织效率的提高打下人力资源的基础。

最后，清楚揭示员工情感承诺对建言行为的重要性，这一点揭示管理者在管理过程中要培养员工的情绪与情感，让员工感受到自己在情绪或情感上对组织的依赖，而不是一味地重视生硬的任务要求或绩效评估。中国文化历来强调“以理服人，以情动人”的管理哲学，本研究的结果进一步支持了这一点。

总而言之，本研究将员工对组织环境的认知（即组织公平与公正）以及员工对组织的情感，以及员工的工作行为（即建言行为）整合于一起，将加深管理者对组织公正与员工建言行为的理解，最终提高其管理水平或改进其管理方式。

1.2.2 理论意义

至今为止，尚没有研究者定量地考察组织公平影响员工建言行为的机制，以及员工物质主义价值观与责任心在这两者关系中的作用。这一不足在理论上限制了人们对组织公平与建言行为的理解。本书的研究结果将在理论上弥补这一不足。具体而言，本书有如下4个方面的理论意义：

第一，揭示了组织公平影响员工建言行为的情感机制。以往的研究比较多地重视员工理性因素（如经济收入或认知）对其组织行为的影响，本研究却从员工的组织情感视角来解释公平感知对其建言的作用，这在一定程度上加深了对员工组织知觉（如公平感知觉）、情绪与情感（如情感承诺）以及其工作行为（如建言行为）三者关系的理解。

第二，本书考察了员工物质主义价值观对其组织公平与情感承诺的调节作用，并明确指出，并非所有感受到组织公平的员工将对组织有较高的积极情感依赖。这一点在理论上加深了人们对员工价值观如何影响其“组织环境-员工情感”关系的认知，同时也丰富了员工价值观的内容。

第三，本书同时关注了员工的责任心人格在建言行为方面的作用。这一点加深了人们对"人格-员工行为"两者关系的认知，从而丰富了员工招聘的理论内容。

总之，在理论建构上，本研究既纳入了员工对组织的知觉因素（如对组织公平与否的认知），也纳入了员工的情感因素（如情感承诺）以及员工的个体特征（包括物质主义价值观与责任心），同时也关注了其组织行为（如建言行为），这一理论模型的建构思路可以在很大程度上丰富企业管理方面的研究。

1.3 研究问题

本书以企业内部员工为对象，来分析员工组织公平感与其建言行为的关系，但是，由于这两个变量之间可能存在着重要的中介变量（即情感承诺），以及员工的个体特征（包括物质主义价值观与责任心人格特征）也可能在变量关系之间发挥着作用，因此，本书主要考察如下几个方面的问题：

第一，员工组织公平感对员工的建言行为有何影响？基于以往的研究成果，本书将进一步对这个问题进行深入研究。

第二，考察员工情感承诺在组织公平感与建言行为之间的中介作用。诸多研究表明，情感或情绪因素是个体认知与外显行为之间的中介变量（Larsen，Buss & 郭永玉，2011），也就是说，当个体积极评价环境时，就会产生积极的情绪体验，这又导致了其进一步的真实行为表现。但是，到目前为止，较少有研究者关注员工情感承诺在组织公平感与建言行为之间的中介作用。实际上，考察情感承诺的中介变量也是在揭示组织公平感为什么会影响建言行为的心理机制。这对于我们今后理解员工组织公平感与建言行为有着重要的意义，对于现实中的管理实践也具有一定的启示作用。

第三，员工的物质主义价值观在组织公平感与情感承诺之间有何作用？这也是本书要考察的问题。日常生活中的人们发现，那些重视金钱或物质占有的人较少重视人际关系中的情感关系，组织中的员工也是如此吗？至今没有研究者考察这一点。本书认为，当员工都感受到类似的组织公平时，不同价值观的员工与组织会有不同的情感关系，这就涉及价值观的调节作用。这一点对于组织今后的招聘工作以及员工培训有重要的意义。

第四，在同样的情境下，不同人格特征的个体会有不同的行为表现（陈仲庚 & 张雨新，1986），那么，对组织有相似的积极情感但责任心人格水平不同的员工，会有同样的建言行为水平吗？这也是本书要考察的问题之一。诸多研究发现，组织中不同人格的员工会有不同的公民行为（Chiaburu，Oh，Berry，Li & Gardner，2011），基于此，我们可以提出疑问：责任心人格不同的员工在建言行为上也应该有显著差异。如果确实如此，那么企业在招聘员工时就应该更为关注员工的责任心人格特征，这一点对于现实的管理实践也具有一定的启示意义。

本书主要考察如上4个问题，并且主要涉及5个变量：员工组织公平感、情感承诺、建言行为、物质主义（价值观）与责任心人格。这5个变量可以被整合到一个逻辑清晰的模型之中，并得到量化的考证。

1.4 本研究的创新之处

本书以员工组织公平感为思路的出发点，着力于员工建言行为的考察，并结合大量的同类主题的文献，最终得出了一些有意义的结论。从整体上来看，本书的创新主要体现在3个方面，下面分别展开阐述。

第一，本书在关注员工的公平感知与其建言行为的关系时，强调了情感承诺的中介作用。以往的同类研究发现，当员工感觉到较高水平的组织公平时，员工就会有较高的工作满意度、较低的离职意愿、较为积极的组织公民行为与较多的建言献策行为（Ping，2010）。但是，在解释两者关系时却较少考虑到员工对组织的情感依赖。本书认为，在组织情境中，员工也是一个完整的人，他们不仅具有认知能力，还具有丰富的情感。从心理学的研究来看，从个体的认知评价再到其行为之间，会常常存在一个情感的过程（Collins，1996）。同样，在企业组织情境中，员工认知到管理的公平与公正，必定会在内心情感上发生变化，并从而影响其建言献策行为。本书抓住员工对组织的情感承诺，以之来解释组织公平感与建言行为之间的心理机制，结果表明，员工的公平感知通过影响组织情感承诺而作用于建言行为。这就解释了组织公平感知影响建言行为的心理机制。

第二，本书将员工的物质主义价值观引入思维模型。根据社会心理学的观点，那些重视物质占有与获得的个体，更可能忽略人际情感对行为的作用（Investigación，Melipillán & Cova，2010），而我们日常生活中也存在着“重利轻情义”的说法，因此，本书设想，在组织情境中，可能会存在这样的情形：那些过于重视金钱（包括工资与奖金等）的员工，即使他们感觉到了组织管理比较公平与公正，也会有较低的组织情感，这样他们的工作行为也会受到相应的影响。而这一点在以往的管理领域的研究中较少有人涉及。本书的研究结论证实了这种设想：员工的物质主义倾向可以显著调节其组织公平感与其情感承诺水平，具体而言，在低组织公平感的情境下，高物质主义者与低物质主义者在情感承诺水平上没有显著的差异，而在高组织公平感的情境下，与高物质主义者相比，低物质主义者有更高水平的组织情感承诺。与以往同类研究相比，这也是本书的重要创新之一。

第三，本书将员工的责任心人格视为重要的调节变量。以往的同类研究认为，员工的组织公平感可以影响员工的建言行为，但是较少考虑员工人格特征在两者之间的调节作用。心理学的研究表明，在相同的环境认知中，那些人格不同的个体会有不同的行为表现，这就意味着人格在认知与行为之间起着调节作用。依此推理，在组织情境中，那些同样感觉到组织公平感的员工，由于其责任心人格的水平不同，其建言行为也会有较大差异。本书的研究结论证明了这种设想，在低组织公平感的情境下，高责任心者与低责任心者在建言行为上没有显著的差异，但是，在高组织公平感情境下，与低责任心者相比，高责任心者更倾向于有较高水平的建言行为。以责任心为调节变量来考察员工组织公平感与建言行为的关系，可以较为深入地了解员工的人格在组织中的作用。

这样，本书得到的结论就是，对于组织中的员工来说，组织公平感、物质主义价值观、情感承诺以及责任心人格皆可以通过复杂的方式来影响其建言行为。这一结论既包括了认知因素（组织公平感）、价值观、人格，同时也包括了情感因素，从而对员工建言行为进行了更为深入与周密的解释。与以往同领域研究相比，这一结论显得更具有解释力。

1.5 方法思路与本书结构

1.5.1 研究方法

本书主要使用实证方法以及定性访谈的方法来进行变量关系的考察。实证方法的主要作用在于使用合适的调查方法来获得数据，并且对数据进行恰当的处理，以便最终验证基于理论而提出的假设与建构起来的模型。在本书中，将使用企业中的员工为被试，使用规范的量表来测量员工的组织公平感、物质主义价值观、情感承诺、责任心与建言行为，并且使用结构方程模型、回归分析、调节效应分析等方法来模拟数据，以便更有效地考证研究假设与理论模型。

访谈是重要的研究方法之一。通过访谈可以发现个体的内部动机、需要与情感，不仅可以在一定程度上弥补定量实证研究的不足、进一步支持定量实证研究得到的结论，还可以发现定量的实证研究所不能发现的观点或现象。本书将定性与定量方法很好地结合起来，将会较大地增强研究的内部效度，并且提升研究结论的现实意义。

1.5.2 研究思路

本书的灵感主要从文献阅读中产生，从发现考察的问题，到实证解决问题，实际上体现了以下严谨的研究思路：

第一，通过大量阅读国内与国外的文献，挖掘出本书要考察的问题。比如，问题之一是，以往的研究者较少关注员工物质主义价值观倾向对其组织情感的影响，本书通过现实观察发现很有必要深入考察前者对后者的作用。

第二，根据本书所研究的问题，继续大量阅读相关或相近的文献，从而完成了三个任务：一是采择了多种不同的理论与观点作为本书的理论基础；二是界定了本书的重要概念，包括组织公平感、物质主义价值观、情感承诺、责任心人格与建言行为等，从而让本书所研究的问题更为具体化；三是根据大量文献阅读，对研究的问题进行操作性界定，即提出了研究的具体假设与变量模型。

第三，根据已经提出的假设与变量模型，合理设计实证研究方式、选择被试、确定变量测量方式、选择数据处理方法等，为正式的实证研究进行铺垫。

第四，在理论铺设与研究设计的基础上，展开调查，获得数据，并进行预研究，得出结论，对假设与变量模型进行验证。

最后，根据假设与变量模型的验证结果进行深入的讨论与分析，并得出结论，指出本研究的不足、现实的意义以及未来研究的展望。

本书研究思路与结构安排如图1-1所示。

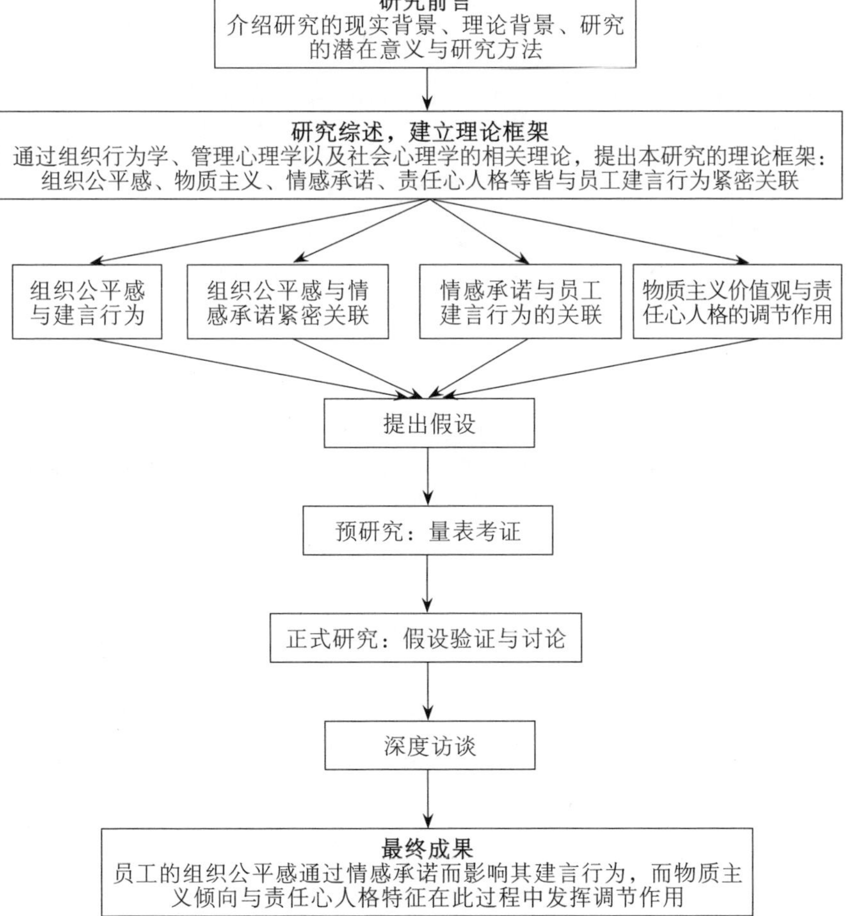

图1-1　本书研究思路与结构安排

1.6 本章小结

本章主要阐述了5个方面的内容，包括研究背景、研究意义、考察的问题以及研究的方法、思路以及本书结构。在研究背景中，介绍了研究的现实背景与理论背景，这表明本书关注的话题既与管理实践相关联，也与管理的理论有关系，两者相辅相成。在研究意义上，既强调了本研究的思路与结果对现实管理可能带来的启示（如管理者如何积极增强员工的建言行为），也突出了研究结果可能丰富现有的相关管理理论（如员工的组织公平感如何影响其建言行为）。本书中考察的问题在逻辑上回应了研究的现实意义与理论意义，是两者的具体表现。最后，研究方法、思路与结构安排则是对整个研究过程的清晰简要的概述，以达纲举目张之效果。

2 概念阐述

本章主要内容为关键概念阐述，即结合以往的研究来清晰界定5个概念，包括员工组织公平感、物质主义价值观、情感承诺、责任心人格与建言行为。概念阐述关乎考察的问题能否清晰地落实到实证水平上，也关系到整个研究逻辑是否清楚与严谨。在分别阐述这5个关键概念的同时，也将涉及相关的重要理论，以便为研究假设的推导打下坚实的铺垫。

2.1 组织公平感及相关概念

2.1.1 组织公平感的含义

公平是社会治理中十分重要的问题之一，我国古代就有“不患寡而患不均”的理念，其意思是，社会治理并不需要太过担心物质稀少，而要非常关注分配不均衡或不公平的现实（张连顺，2006）。实际上，无论是社会治理还是企业管理，客观的公平现实都是人们追求与重视的价值之一。自从20世纪初组织管理兴起后，学者与实际管理者都很重视组织内部的公平或公正问题，原因主要在于，物质利益的分配方式与结果会影响到员工的心理感受，从而影响员工的工作行为与“员工-组织关系”（Greenberg & Colquitt，2013）。

在组织情境中，仅仅谈论“公平”往往更多地涉及客观的程序、过程与结果；但是员工如何知觉这种“公平”的现实则是另一个重要的问题，因为在很多时候，影响员工行为的并不是冰冷的现实，而是具有主观性的现实知觉。这样，考察员工如何看待或感知组织中的公平就成为学者们关注的对象（Greenberg & Colquitt，2013）。组织公平感的概念正是基于这一思路产生的。

有学者认为，组织公平感就是组织内部人员对与其利益相关的组织行为的公平性知觉或认知，这些组织行为包括管理方式、决策过程、激励制度甚至“管理者-员工关系”（Zhu，Sun & Peng，2013）。组织公平感是一个主观上的感受，但是，它与员工面临的客观组织情境是紧密关联的，一般而言，规范与公正的组织管理过程往往导致较高的组织公平感，这一观点基于这样的事实：在一个组织中，所有人员的价值观、信仰与观念皆有核心的共享部分，因此，管理过程在组织成立之初就会自然而然地顺应契约的要求而产生。这一点也表明，公平感与人们的价值观和信仰有紧密的关联。

Cropanzano在研究中认为，组织公平可以从两个层面上去考察：一是客观层次，即现实的待遇与任务分配、制度制定以及社会交往是否受到公认的规则的约束；二是组织中的人员是否认为自己受到了公平对待，或者说，员工在多大程度上从内心认可、接受与支持组织的任务分配、绩效评估、待遇分配、决策流程以及人际交往方式等。可见，在Cropanzano的观点中，组织公平感依然是以客观的公正公平为基础，但又有别于客观公平（Cropanzano & Ambrose，2015）。

Strom等人在研究中认为，组织是一个利益博弈与合作的场所，同时利益的产生方式不同，导致其分配分享的规则不断变化，这样，以往被认为是公平的管理方式可能会被现在的员工认为不公平。也就是说，公平是可以变化的。比如，以往以资本的占有来分配利益，而现在以知识的占有来分配利益。因此，Strom 等人提出，组织公平感就是员工对组织给予自己的待遇的公平与公正的感知，这些待遇并不仅仅指物质待遇，还包括晋升机会、学习机会、工作认可程度、管理者与员工的交往行为等（Strom，Sears & Kelly，2014）。

国内学者认为，组织公平感就是组织中的个体对组织的管理政策、管理制度与管理措施在何种程度上具有公平与公正的评价。员工的组织公平感是一个以客观为基础的主观过程，同时会涉及员工的认知和情感，并且在多方面影响员工的工作行为。从这一点来看，组织公平感的关键是员工如何看待组织的公平性实践，尤其是关系到员工个体利益时的管理实践（李晔 & 龙立荣，2007）。

基于上述背景，本书认为，组织公平感就是组织内部员工对自己是否得到了组织公平与公正的对待而产生的评价，这一评价主要基于员工对获得待遇（包括物质待遇与其他重要的社会或心理待遇）的认知，并不过多涉及评价带来的情感体验。这一定义与诸多研究具有相同的本质含义。

2.1.2 组织公平感三维度模型

员工公平感即组织公平，这是一种个人对组织中各种经历的公平感知，如对组织制度、政策和措施的公平感受，它涉及的面非常广，如分配激励、晋升、解雇等组织管理的各个方面。组织公平可以分为以下三个维度（Greenberg & Colquitt，2013）：

首先是分配公平。分配公平感是指员工对组织报酬的分配结果是否公平的感受。分配不公平感导致员工降低其工作绩效，与同事合作减少，降低工作质量乃至于产生偷窃行为。美国心理学家亚当斯提出了著名的公平理论，也称为社会比较理论，他强调，员工的公平感主要来自对报酬数量的公平性的感受，员工总是将产出（即从组织得到的回报）与自己对组织的投入（包括个人拥有的技能、努力、经验等因素）的比例，与他人的产出和投入比例进行对比。当比例不相等时，就会产生不公平感（郭惠容，2001）。这种不公平感会使个体经历紧张或焦虑的心理状态，进而寻求解决方法以求公平重建。重建手段包括心理上的和行为上的，如改变自己的投入、改变他人的产出、重新认知自己的投入和产出、对他人采取行动（如改变或重新认知他人的投入和产出，或迫使他人离开）、改变比较对象或选择离开（阮青松 & 黄向晖，2005）。亚当斯在分析“分配的公平”基础上阐述公平的概念，其所用的“产出”一词便是指分配的结果。

其次是程序公平。程序公平是美国社会学研究者提出的概念。他们首先在司法环境中研究决策过程公平性如何影响人们的认知和行为。研究结果表明，如果诉讼当事人在案件审理过程中有机会发表自己的意见，即使最后的审判结果不利于当事人，他们也会认为审理过程比较公平（Greenberg & Colquitt，2013）。他们指出，人们不仅关心决策结果公平性，也非常关心决策过程公平性。此后，许多学者在研究过程中也发现，人们不仅关心企业的分配结果是否公平，也关心企业的分配过程是否公平。程序公平又被学者称为发言权。1980年，莱文瑟尔等进一步发展了该理论，并在组织情境中采用了程序公平理论，提出了6个程序公平的标准。该标准指出个体在评定用于分配结果的过程的公平性时，除了考虑过程控制外，还会考虑其他的过程因素：一致性，即分配的程序应该不受时间、地点和对象的控制，保持一致性；无偏向性，即分配的过程中不应该掺有管理者个人的私利和偏见；准确性，即分配程序应该基于正确的信息；可修正性，即决定应该有可修正的机会；代表性，即分配程序能够代表和反映所有相关人员的利益；道德性，即分配程序必须符合一般能够接受的道德与伦理标准。如果决策者能够在决策过程中坚持这些标准，将有助于员工程序公平感的形成。格林伯格通过实证研究证明了程序公平的这些标准与员工公平感的形成密切相关。

最后是互动公平。互动公平也可称为人际关系公平，顾名思义指的是个人所感受到的人与人之间交往的质量。不论分配结果是否公平，员工最早获得了这些信息，而且还会对这些信息产生反应，信息提供者需要对员工的反应做出回应。互动公平分成两种：一种是“人际公平”，主要指在执行程序或决定结果时，权威或上级对待下属是否有礼貌、是否考虑到对方的尊严、是否尊重对方等；另一种是“信息公平”，主要指是否给当事人传达了应有的信息，即要为当事人提供一些解释，如为什么要用某种形式的程序或为什么要用特定的方式分配结果（朱其权 & 龙立荣，2012）。

我国学者周浩等人在研究中也考察了组织公平的三维度模型。在研究中，研究者向661名大学生呈现奖学金的分配情境，结果表明，分配公平、程序公平与互动公平对大学生的学习投入、班级荣誉感、班级情感以及与辅导员的关系皆有显著的影响。比如，当学生发现奖学金分配过程不公平时，就会消极评价班集体，以及消极认知自己在班集体中的成员身份。研究者认为，在组织中，这三个公平是员工最为关注的，尤其是分配公平与程序公平，原因在于，我国仍然处于经济发展的初期，组织员工对物质待遇有着明显的高水平需要。但研究者同时指出，在学校中，学生能够获得的奖学金是比较重要的物质奖励，同时也是对学生在学校表现的一种认可，因此，被试对分配公平特别看重的结果未必能够应用于组织情境中，原因在于，在组织中，员工的需要更为多元化，员工的价值观也比较多元化，所以这三种公平感对员工的影响更为复杂（周浩，et al.，2006）。

国内有学者在研究中调查了10个省40个城市中多种行业的一线员工，发现中国员工公平感认知中存在着明显的分配公平、程序公平以及互动公平三个维度，同时，研究发现中国员工的公平感普遍较低，尤其是程序公平感更低。汪新艳在研究中认为，由于中国文化特别强调集体主义，因此在组织管理决策过程中通常是管理者有较高水平的参与，而员工参与度较低，所以，员工更多地感受到程序本身的不公平（汪新艳，2009）。从另一个角度来看可以发现，尽管组织公平感的概念来源于西方文化背景的研究，但是，在中国文化背景下，组织公平感依然存在着三个维度。

2.1.3 员工组织公平感的测量

在目前的研究中，有些研究者认为组织公平感包括四个维度，即程序公平（procedural justice）、分配公平（distributive justice）、互动公平（interpersonal justice）与信息公平（informational justice）（Shapiro & Brett，2005），但更多的学者认为前三个维度是最为关键的，也是最为常见的（Jason A. Colquitt，2001）。

本书使用组织公平感的三维度模型，即程序公平、分配公平与互动公平，因此，将使用与此模型相关的量表来作为测量工具：量表由国外学者编写修订（Moorman，Blakely & Niehoff，1998），并由中国学者进行了本土化修订（刘亚 & 龙立荣，2003；汪新艳，2009），许多研究表明，此量表有很好的信度与效标效度。量表的16个项目与所属维度见表2-1。

表2-1　**组织公平感量表**

维度	项目表述
分配公平	我的工作安排很公平
	我得到的薪资报酬很公平
	我认为我的工作量很公平
	总的来说，我得到的奖励很公平
	我感到我承担的工作责任很公平
互动公平	领导的工作决策是基于一种无偏见的方式制定出来的
	领导制定工作决策时会听取员工的意见和看法
	为制定一个正式的工作决策，领导会收集准确又全面的信息
	所有的工作决策对所有的有关员工一视同仁
程序公平	在工作中，领导会表现出对我的友好和关心
	在工作中，领导会表现出对我的尊重
	在工作中，领导对我的个人需要会表现得很敏感
	在工作中，领导会以一种真诚的方式对待我
	在组织中，领导会关注我作为员工的权利
	在单位中，领导会与我讨论工作有关的决策
	在工作中，当领导决策涉及我的工作时，会向我解释决策的理由

汪新艳在研究中使用此量表调查了40多个行业中的700多名中国企业员工，发现此量表测量结果能够很好地解释员工在组织中的工作行为，并且，对于中国员工而言，互动公平最为重要，其次是分配公平，

最后是程序公平（汪新艳，2009）。因此，可以认为，此量表适合本书的研究目的。

2.2 员工建言行为及相关概念

2.2.1 建言行为的含义

在员工与组织管理的互动与沟通过程中，信息通常包括“向下行”与“向上行”两种方式，其中，信息“向上行”指员工将组织运行中发生的情况或即将要发生的事件向上级汇报，“向下行”即组织管理者向员工发布命令、要求或提出期望。员工建言行为主要指信息“向上行”的过程。如Botero等人在研究中认为，当员工对工作中的现实不满意时，就会将自己的意见或建议告知管理者，这就是员工发声的具体行为（employee voice behavior）（Botero & Van Dyne，2009）。

赫希曼在组织背景中使用“voice”一词来指员工向组织发泄或者表达自己的不满与诉求的行为（赫希曼，2001）。现在的研究者多将其翻译为“建言（voice）”，即个体向别人、组织或社会表达自己的观点或看法，在政治领域中经常指表达自己内心中的诉求或者利益追求（不仅包括不满意）。但是在组织中，更多指员工在工作过程中将自己对组织的看法、对工作的看法甚至对管理方式的评价等传达给管理者，以便对组织施加自己的影响。可见，建言是员工将“信息”向上呈现的一部分。表2-2呈现不同学者对员工建言行为的具体表述或理解。

表2-2　　　　不同学者对建言行为的定义

建言行为的解释	学者和时间
组织内部顾客（员工）与外部顾客向组织管理者表达自己的诉求与促进组织效率的看法，以便影响组织的运行或管理，维护自己的利益，增进组织的效率	（LePine & Van Dyne，2001）

续表

建言行为的解释	学者和时间
组织员工根据自己的观点向组织管理者提出建设性的意见或观点，以便让工作更有效率，或者使组织运行向更好的方向发展。属于组织公民行为的一部分	(LePine & Van Dyne，1998)
为组织的变革提出自己的观点或思路，以便影响管理方式与同事的工作行为，最终促进组织变革，改变目前让人不满意的组织现状	(Botero & Van Dyne，2009)
员工对组织政策、管理方式或工作流程等提出自己的看法或见解，以便影响管理者的决策	(Walumbwa & Schaubroeck，2009)
组织员工向管理者直接陈述自己对组织的看法与感受，包括工作激励措施的公正性、同事关系状况、自己的离职原因、自己工作状况的原因以及对组织的期望等	(W. Liu，Zhu & Yang，2010)

从表2-2可以看出，尽管不同学者对建言行为的理解不完全相同，但皆符合“让组织知晓我的观点”这一实质，这也正是英语“voice”的本质含义；同时，员工建言行为主要关注员工向组织表述“积极的建设性的建议或观点”，而不是员工抱怨行为（employee complaint behavior）(R. R. Liu & McClure，2001)。

国内学者段锦云等人认为，员工建言行为包括两个方面：一是员工主动积极地向管理者提出改进工作的建议或意见，以便改进组织效率、改善工作流程或更有效地解决现实问题；二是员工向同事提出某些建议或意见，以便加快和增进同事或团队的工作进程与工作效率。段锦云等人认为，从交流与沟通的视角来看，员工建言行为其实就是一种社会交往行为，这种交往的内容与工作效率的改进和提高有关，其主体一般是组织员工（段锦云 & 凌斌，2011）。

综上所述，本书发现，至今的大多数研究都倾向于认为：员工建言主要是指员工主动积极地向组织管理者提出有建设性的建议或意见，同时也包括员工对一起工作的同事提出自己的工作建议（特别是在团队工作中）。Farh等人在研究中又将员工建言行为分为促进性建言行为（promotive voice behavior）与抑制性建言行为（prohibitive voice behavior），前者主要指员工向管理者指出那些“不足的”但对组织效率有价值的行为，比如“组织应该更多地激励努力工作的员工”；后者主要指员工建议组织减少或抑制那些“不必要或者过量”的行为，如“应该减少员工迟到的现象”。在实质上，Farh等人是从建言内容来对建言行为划分了类型，但两种建言的目标是一致的：提高组织效率，为组织的利益着想（Farh，Liang，Chou & Cheng，2008）。

基于以上文献，本书认为，员工建言行为就是指员工向管理者主动提出与工作有关的建设性意见或看法，或者向同事提出积极的工作建议，其最终目标是改善工作质量与提高组织效率。从类型上来看，员工建言行为包括促进性建言行为与抑制性建言行为两种。这一定义与国内学者的观点是一致的（景保峰，2012），同时又有利于后续的概念测量。

2.2.2 员工建言行为的测量

目前的研究出现了不同的建言行为测量工具。学者Van Dyne等人较早编制了一个只包括6个项目的建言行为量表，如“这名员工会就工作与管理提出某些建议”“在团队中，这名员工积极参加团队工作质量讨论”等（Van Dyne & LePine，1998）。从这些项目的表述上可以看出，此量表其实是评价量表，即让管理者评价员工的建言行为特点。

学者Premeaux等人基于社会心理学的视角建构了建言行为的测量量表。此量表只包括5个项目，如“当发现工作过程需要改进时，他（她）很愿意向管理者提出来”“在讨论有争议的事情时，他（她）总是很主动表达自己的观点”等。同时，此量表中第三人称也可以变为第一人称“我”，所以，它既是评价量表，也是自陈量表（Premeaux & Bedeian，2003）。在后续的研究中，很多学者参考了此量表。

实际上，这些不同的测量工具所测量的概念在本质上是相同或者非常相似的，无论是哪个测量工具，都主要探索了员工在组织中“就工作改进表达自己的观点”的倾向。本书使用Liang等（2008）编制的建言行为量表来测量员工的建言行为，此量表包括两个维度，即促进性建言（包括5个项目）与抑制性建言（包括6个项目）（Liang & Farh，2008）。中国很多学者在研究中使用了此量表，结果表明，此量表具有良好的信度与效度（李锐，凌文辁 & 柳士顺，2009）。

表2-3 **员工建言行为量表**

维度	项目表述
抑制性建言	当单位内的工作出现问题时，我敢于指出，不怕得罪人
	对于可能会给单位带来损失的问题，我会实话实说，即使其他人有不同意见
	我会指出单位中那些过时的阻碍效率的规章制度
	我会积极向领导反映工作中出现的不协调问题
	我敢于对单位中影响工作效率的不良现象发表意见，即使这可能使他人难堪
促进性建言	我会及时劝阻其他员工影响单位绩效的不良行为
	我积极地提出了会使工作单位受益的新项目方案
	我就改善单位工作积极地提出了建议
	我主动提出了帮助单位达成目标的合理建议
	我提出了帮助改善单位运作质量的建设性建议
	就单位中可能出现的问题，我会主动思考并提出自己的观点

此量表的信度与效度将在预研究中得到进一步的考察。

2.3 情感承诺及相关概念

2.3.1 情感承诺的定义

情感（affect or emotion）一般是指个体在内心中对特定对象所抱有的情感体验，这个特定的对象既包括事物，也包括交往网络中的他人，甚至包括某种观念与自我本身。承诺（commitment）一般指个体对某一交往对象所许下的诺言或保证，也指在某一规则下对他人所担当的义务或责任。在社会生活中，当个体对某一组织有积极的情感体验时，个体就会更为趋向于这一组织，在情感上也会较为依赖这一组织，在组织行为学或管理学的研究中，学者们也借鉴了这一含义，以便来刻画员工与组织的关系（Iglesias，Singh & Batista-Foguet，2011）。

Rhoades等人认为，员工对组织的态度有三个方面：一是认知评价，如“此公司历史很长”；二是情感倾向，如“我喜欢此公司”；三是行为意向，如“我会努力为此公司效劳”。就情感角度而言，员工每当想到自己的组织或者与组织有关的事情时，所感受到的情绪体验就属于员工对组织的情感。可见，员工情感承诺（affective commitment）是指员工在情感上对组织的倾向性，积极的情感承诺更多地与积极的工作行为关联，相反亦是（Rhoades，Eisenberger & Armeli，2001）。Bergami等人在研究中认为，员工对组织的情感承诺可以通过员工对组织的自豪感程度、工作中的愉快程度、待遇的满意程度等来表示（Bergami & Bagozzi，2000），可见，员工对组织的情感承诺主要指员工对组织的情感态度。

也有学者认为，员工感情承诺就是组织承诺中的一个关键维度。比如，Perryer曾经指出，组织承诺就是指员工基于认知而愿意继续保持组织身份的心理倾向，它包括三个层面的内容：首先是认知层面，主要是员工积极评价自己在组织中的利益获得，包括未来利益的积极期待；其次是员工在情感上不愿意离开组织，或者在情感上愿意亲近自己的组织（如积极参加组织召开的聚会）；最后是员工在未来有较高的工作卷入意愿，或者愿意持续努力工作（Perryer & Jordan，2005）。但是，在一般的组织承诺研究中，往往更为重视员工的认知层面的内容以及行为意愿，而较少关注员工情感承诺的内容。

基于以上表述，本书认为，情感承诺即员工对组织的情感依赖，或者说当员工想到自己在未来依然归属目前的组织时，内心体验到积极情感的程度。当员工认为自己舍不得离开现在的组织时，就意味着员工的情感承诺较强。

2.3.2 情感承诺的测量

综合目前的相关研究，本书发现学者们在测量员工情感承诺时所使用的工具在很大程度上是一致的，大都测量了员工在情感上对组织的归属感、自豪感、愉快情绪等心理上的情绪反应，同时发现，这些测量工具在很多时候被整合进了员工组织承诺（organizational commitment）的测量之中。本书将国内研究者黄春生的测量以及Mowday等人的测量结合在一起使用来测量员工的情感承诺，这样做的原因在于，这两个量表皆来自组织承诺概念的测量，两者在每个项目的表述上不尽相同，但实质上都考察了员工在多大程度上对组织有积极的情感依恋。

表2-4 **员工情感承诺测量项目**

项目表述	来源
如果我能在公司里继续工作，将会十分高兴	（黄春生，2004）
我认为公司的问题就是我的问题	
在公司里，我有像家庭成员一样的感觉	
我对公司有情感上的依赖性	
在情感上，公司对我来说很重要	
我并未强烈感觉到我属于这个公司	（Mowday，Steers & Porter，1979）
当我告诉别人我单位的名字时，我有自豪感	
我很高兴在目前的单位中上班	
我对目前的工作单位有忠诚感	
我很关注单位的未来发展	

上述情感承诺量表的信度与效度将在本书的预研究中进行考察，以便为正式研究做准备。

2.4 物质主义价值观及相关概念

2.4.1 价值观的含义

价值观是社会学与心理学中一个常用的概念，但在具体的定义上，学者们的观点并不完全一致。比如，学者罗科奇认为，价值观是个体对外界事物的信念，这种信念持久地影响着个体的行为与内存态度，并通过个体对待外界事物的典型行为而得到充分表现（Rokeach，1968）。罗科奇认为，个体在成长过程中，不断受到文化因素如习俗、宗教与国家制度的影响，这样一些有利于其生存的信念就逐渐内化到其认知中，并在生活实践中转变为价值观。价值观的功能在于，指导个体适应环境，包括自然环境与社会环境。在罗科奇看来，个体的价值观既可以反映个体的生活经历，又可以在一定程度上预示个体在未来的生活行为。

学者赛普尔认为，价值观就是个体心目中的目标，这些目标依据重要程度排序，并在不同程度上指引个体的生活行为以及态度。在赛普尔的观点中，生活中的每个人都有自己的价值观，但在一个文化较为同质的群体中，人们有着共享的价值观念，比如，在美国文化中，个体的自尊就是一个重要的共享价值观（Super，1983）。

国内学者对价值观的理解与解释也有很多不同。学者王连法认为，价值观主要是人们关于价值的根本观点与总的看法，是通过不断的社会实践形成的；价值观的核心是主体与有形或无形的客体之间的关系。王连法认为，人们的生活实践就是个体价值的体现，也即价值观引导着人们的生活。我国台湾学者张春兴认为，价值观就是个人用于辨别是非对错、善良邪恶所持有的指导性标准，个体所抱有的价值观主要表现在个体对社会事物或观念的态度上，比如对道德、宗教、金钱以及生命的看法（张春兴，1992）。

心理学家俞国良认为，个体在社会化过程中，会对事物赋予不同的意义以及重要性，即个体会不断地对周围的事物进行评价，这样，在个体的认知中，不同事物对于个体而言，就有了不同的意义与重要性，这样，个体的价值观就形成了。因此，价值观就是人们对客观事物的评价，这种评价说明了事物对个体的重要性以及对社会的意义。人们的价值观对人们的思想以及外在行为表现有着很重要的影响，在很大程度上，价值观就是人们社会实践方向与方式的重要指南。

在文献回顾的基础上，本书认为，价值观就是个体对事物所持有的信念，包含着个体对事物赋予的个人意义与社会意义；这种信念指引着个体对社会事物好坏与对错的辨别，并同时体现了个体的主观意志与主观情感。或者说，价值观是个体用来评价行为、事物以及从各种目标中选择适合自己的目标的指导准则。个体的价值观形成是一个漫长的过程，并不断受到文化、生活实践以及认知的影响。价值观可以分为不同的层次，而且个体在价值观的形成中也有不同的特点。总之，在一定程度上，生活就是个体对自己价值观的实践。

2.4.2 物质主义价值观

根据牛津词典的解释，物质主义倾向即个体在日常生活中过于重视物质拥有而忽视精神需要满足的倾向或者观念；物质主义倾向者无论是在人际交往还是组织工作过程中，会更多地表现出商人一样的明确算计与精明，他们的行为更多地趋向于明确的物质获得。物质主义倾向较高者，具有四个人格特点，即占有欲望强，总是希望把持物质财富的所有权与控制；小气，即非常不愿意与他人分享自己所拥有的物质财富；嫉妒，即面对别人在传统世俗上的成功，往往会产生记恨心理；最后是保存倾向，即常常收藏自认为值钱的东西（Donnelly，Iyer & Howell，2012）。Buijzen认为，物质主义指个体在多大程度上看重物质的占有或财富的拥有。高物质主义者特别重视金钱，认为生活或人生意义就是追求钱财与财富（Buijzen & Valkenburg，2003）。

Norris认为，物质主义倾向本质上是个体所持有的价值观念，即个体非常强调物质财富的拥有与控制，并且将物质追求视为人生的最有价值的目标，并且通过消费与展示来获得别人的认可以及自己内心的积极体验。物质主义倾向高者具有如下特征：（1）以自我为中心并且比较自私，不愿意与他人、朋友甚至亲人分享自己所控制的财富；（2）与低物质主义倾向者相比，他们对生活的现状有较低的满意度，即使在承认自己已经很幸福的情况下，也会希望占有更多；(3) 他们一般努力追求更多的享乐与刺激，特别是通过奢侈的消费行为；(4) 他们在工作中更倾向于为追求更高的工作待遇与物质奖励而频繁离职（Norris，Lambert，Nathan DeWall & Fincham，2012）。

Richins 等人在研究中指出，物质主义本质上是个体的价值观念，它指引着个体的生活方式、职业选择、休闲方式甚至闲暇时间的利用。他们同时指出，个体的物质主义倾向是比较稳定的，但也容易受到社会文化背景、组织情境（如培训或激励机制的强化）以及自身动机与需要的深刻影响。一般而言，人们在生活中通过职业选择、商品消费等日常行为来实践其物质主义价值观。基于这种观点，Richins等人还编制了结构化较强的量表来测量个体的物质主义倾向（Richins & Dawson，1992b）。

基于以上相关文献，本书认为，物质主义倾向就是个体在多大程度上重视物质追求，或者在多大程度上认为物质拥有是人生最重要的目标之一。物质主义倾向高者往往通过物质的更多拥有来奠定自己的幸福感与满足感，而不是通过精神上的满足来寻求生活中的幸福感与工作中的满足感。

2.4.3 物质主义的测量

尽管很多学者在物质主义概念的理解上比较趋于一致，但是，他们所构建的测量工具有较大的差异。比如，学者Belk通过四个人格特质来测量个体的物质主义倾向：小气（nongenerosity）、嫉妒（envy）、占有欲（possessiveness）以及储存倾向（preservation），量表共包括21个项目，研究表明，此量表能够测量不同文化背景中的物质主义倾向（Russell W. Belk，1985），但Richins等人在文献回顾中发现其克隆巴赫信度系数变异较大，中位数也只有0.54，同时结构效度不是很良好（Richins & Dawson，1992a）。学者Ger等人在研究中通过考察人们对物质占有的态度来测量具体的物质主义，这种测量方式的不足是，没有能够很好把握物质主义的概念结构，这导致量表项目较少，测量的误差较大，结果效标效度较低（Ger & Belk，1996）。

学者Richins 等人认为，物质主义价值观不仅仅表现在物质的占有上（如想购买更多的商品），还表现在物质占有的意义理解上，比如，物质主义观念较强的个体，通常认为“财富多少意味着生活成功与否”，基于此，Richins等人编制了三个维度的物质主义价值观量表（materialism value scale，MVS）：成功（success）、中心性（centrality）与幸福（happiness），共有18个项目（见表2-5）。三个维度的含义分别是：个体在多大程度上将生活的成功定义为财富或财物占有的多少；个体在日常生活中在多大程度上将购物或获取财物视为主要活动或主要兴趣；个体在多大程度上将主观幸福定义为获得更多的财物或商品（Richins & Dawson，1992b）。MVS在刊出后，得到了很多学者的试用与评价，结果表明，此量表具有良好的信度与效度。比如，Griffin等人在研究中将之施测于丹麦、俄罗斯与法国，发现量表能够很好地预测个体对宗教信仰的践行水平（Griffin，Babin & Christensen，2004），这意味着量表不仅具有较好的跨文化特性，也有较好的效度与信度。

表2-5 **物质主义价值观量表（MVS）**

维度	项目表述
成功	我很羡慕那些有奢华家庭、豪车与贵重服饰的人
	人生最重要的成就之一就是占有大量财富
	我不在乎别人把财富占有作为成功的标志
	拥有多少往往意味着生活成功与否
	我喜欢拥有能够给人留下深刻印象的商品
	我不太在意别人拥有多少财产
中心性	通常我只购买自己需要的东西
	在财富方面，我尽量保持简单生活
	拥有财富对我来说并不是那么重要
	我喜欢购买那些对我不太实用的东西
	购物总是给我带来快乐
	我喜欢在生活中有很多奢侈品
	与别人相比，我不太关心物质的占有
幸福	我现在所拥有的足够我享受生活
	如果能拥有我现在没有的东西我就会过得更好
	即使能够拥有更多更好的东西，我也不会更幸福
	如果我能买得起更多商品，我将会更为幸福
	买不起自己想要的东西常使我心烦

本书将使用MVS来测量员工的物质主义倾向，原因主要在于，此量表有清晰的结构，信度与效度较好，并且项目数量也不太多，容易增强企业员工的填写意愿，从而增强研究的内部效度。

2.5 责任心人格及相关概念

2.5.1 人格的含义

人格是心理学中的核心概念之一，可以说，任何流派的心理学理论都试图解释人格对个体行为的影响，尽管它们解释的角度不同。弗洛伊德的精神分析学说认为，人格由三个部分组成，即本我、自我与超我，这三者相互制约而调节着个体的行为。行为主义者认为，人格就是个体在应对外界刺激时，所表现的较为典型的行为方式，可见行为主义不认为人格是可以观察的；而特质理论者认为，人格是一种特质，它与个体的遗传因素、文化因素等相关联，如卡特尔认为，人格特质包括根源特质与表面特质，同时指出，个体的表面特质可能通过外在行为表现而得到考察，但其促动力量却来自个体的根源特质。而学者艾森克在研究中认为，个体的人格既有生物性（这意味着遗传特性），又有精神动力因素（这与弗洛伊德的精神分析有了关联），同时，人格又是在个体的社会化进程中得到不断塑造的。认知主义者则从个体的信息加工机制来解释人格，认为个体的认知方式与情感因素共同影响了个体的外在行为。人本主义者如马斯洛则从个体的需要与动机出发来理解人格，认为不同的需要会促动个体不同的行为。

尽管不同心理学流派对人格做出了具有洞察力的解释，但是在量化的研究中，人格特质理论无疑得到了更多的关注。因为特质理论指导人们编制了很多结构化的人格测量量表，这样，对人格的考察就超越了人本主义与精神分析的定性方式。比如，大五人格认为人类有着普遍的人格维度，即开放性（openness）、尽责性（conscientiousness）、外倾性（extroversion）、随和性（agreeableness）、神经质或情绪稳定性（neuroticism）。很多研究表明，大五人格具有跨文化的一致性，研究者们在不同的文化中进行测量，发现较为一致的人格模型。而学者艾森克认为，人格有三个维度，即神经质（neuroticism）、精神质（psychoticism）以及外倾性（extroversion）（Hilliard，Brewer，Cornelius & Van Raalte，2014）。除此之外，还有其他基于特质理论而编制的人格量表，所有这些人格量表都从不同的侧面反映了个体的人格特点，以及人格对行为的影响。

本书对人格的定义遵从卡特尔的特质理论观点，即人格就是个体在环境中稳定的、典型的行为倾向性。这一理论观点在结构化人格测量以及一般社会科学研究中得到了广泛的认可，比如，管理学或组织行为学的研究者已经基于这一理论研究了员工人格特征（如大五人格特征）与其工作行为之间的关系，结果表明，人格特征对工作业绩有显著的解释能力（Oh & Kim，2014）。

2.5.2 责任心人格的含义

责任心人格是大五人格的一个重要维度，它指个体在做事时，在多大程度上讲究安排与计划、负责与条理性（王炳成，2011）；也有研究者发现，责任心与道德观、规则、契约甚至习俗的遵守有关，那些责任心较强的个体，更倾向于遵守社会普遍认可的契约或原则（B. De Raad，2000）。责任心强的个体，在处理日常事务与工作中的事情时比较谨慎细心，倾向于对事情做出较好的布置、安排或计划，以让周围环境井井有条；不喜欢拖沓与马虎行为。而责任心低的个体，在生活与工作中比较粗心大意，较少对事情提前做出良好细致的安排，对自己的行为有较少的自律，有时表现出意志薄弱的倾向（陈仲庚 & 张雨新，1986）。但也有研究发现，责任心很强的个体，可能意味着处理事情时缺少变通，倾向于严格按照规定的程序来进行，以便减少不确定性给自己带来的焦虑感（Jackson et al.，2010）。但是在没有较多不确定性的环境中（如结构化较好的工作情境），责任心强的个体工作表现通常较好，其工作业绩也比较高；而责任心低的个体总是与较多的工作失误相关联（Brown，Lent，Telander & Tramayne，2011）。

组织中高责任心者与低责任心者的对比见表2-6。

表2-6　组织中高责任心者与低责任心者的对比

高责任心	低责任心
遵守组织制度	认为组织制度可变通
认真对待本职工作	在监督下才能认真进行本职工作
关心自己职责以外的组织事务	对职责外的组织事务有较低的卷入
工作卷入水平较高	对本职工作嵌入水平不高
更多获得同事好评	工作表现较少受组织认可
较多的晋升机会与进取心	较少晋升机会

注：以上内容整理自Whyte（2013）。

在组织情境中，人们发现责任心人格倾向明显的个体，有着更为积极的工作行为，这导致了他们一般会有较高的工作业绩，因此，在组织招聘时，责任心人格特征往往是员工未来工作业绩的一个重要指示器。

责任心人格与员工在组织中的表现有关，很多研究表明，那些责任心人格较高的员工，更倾向于有好的组织公民行为，更倾向于有好的工作业绩。同时，尽管人格是个体在长期的社会化过程中形成的，但这并不意味着员工的责任心行为不能改变（Larsen et al.，2011），研究表明，当个体遇到较大的外部压力时，其外部行为就会有较为明显的改变。如果组织的纪律要求较高，员工就会表现出较多的责任心行为。

2.5.3　责任心人格的测量

责任心人格是大五人格中一个重要的维度，在其他人格理论中，并不包含这一维度。大五人格是一个结构清晰的人格建构，在以个体心理评估为目的的测量中，通常使用包括500多个项目的冗长量表，其中责任心维度的测量包括100多个项目。但是，在一般的组织行为与管理心理的研究中，通常使用包含60个项目的简化版本来评价员工的人格的特征，这样，测量员工责任心维度的项目只有12个，比如，“我将自己的物品保持得干干净净且井井有条”以及“在静下来工作之前，我会浪费很多时间”（反向计分）（Le，Donnellan，Spilman，Garcia & Conger，2014；刘光辉，2010）。本书也将延续这一做法，使用包括12个项目的工具来测量员工的责任心人格。

本书使用如表2-7所示量表来测量员工的责任心人格（刘光辉，2010）。

表2-7 **责任心人格特征的测量**

序号	项目表述
1	我将自己的物品保持得干干净净且井井有条
2	我比较善于安排将事情按时做完
3	我并不是一个做事很有条理的人
4	我努力把分给我的任务尽心尽职地去做好
5	我有明确的目标，并且按部就班地朝着它们努力
6	在静下来工作之前，我会浪费很多时间
7	我为达到自己的目标做不懈的努力
8	一旦我开始从事某件事，我一定坚持把这件事情做完
9	有时候，我不能做一个像我应该做到的那样可靠的人
10	我是一个办事效率高并且总把自己的工作完成的人
11	我从不感到自己做事有头有绪
12	我力求使自己做每一件事情时都精益求精

Conscientiousness（12 items）：5，10，15*，20，25，30*，35，40，45*，50，55*，60.

在上述表格中，有些项目属于反向表述，比如，第11个项目“我从不感到自己做事有头有绪”，在正式测量中，将会将反向计分反转过来。同时，本书在使用此量表测量员工责任心时，会在预研究中考证其信度与效度，以便增强正式研究中的内部效度。

2.6 本章小结

本章的主要任务是阐述主要概念以便将考察的问题进行具体的表达，为后续的量表研究做准备。基于以往相近的研究文献，本章界定了

5个关键概念，即组织公平感、情感承诺、物质主义价值观、责任心人格以及员工建言行为。从整体上来看，5个关键概念的定义与以往的主要文献的观点具有相当大程度上的一致性，同时结合本书所研究的对象作了一些调整。

在界定了概念之后，本章还列举了这些概念的相关测量工具，既进一步深入地分析了这些概念的具体含义，又指明了本书将使用的量化刻画方法。本书选定的测量工具皆经过了以往研究的考证，具有较好的信度与效度。在后续的预研究中，将进一步考证其信度与效度。

3　假设推导与概念模型

本章主要解决假设推导这一问题。在上一章概念阐述的基础上，参考以往具有相近或相似主题的文献来推导出5个变量之间可能存在的关系，即提出清晰界定的研究假设，以便通过定量的考察来回应本书中所要考察的问题。在整个研究中，本章是第2章的深入与发展，也是后续部分的重要理论基础，在全书中占有重要地位。

3.1　员工组织公平感对员工组织行为的影响

3.1.1　员工组织公平感对员工心理的一般影响

管理实践与理论研究皆发现，员工的组织公平感可以在很多方面深刻影响员工的内部心理状态与外部工作行为，从目前文献来看，包括：(1) 员工工作满意度，比如，有较高组织公平感的员工更倾向于满足自己的薪酬、满足自己的工作任务（Crow，Lee & Joo，2012）。(2) 组织承诺，那些有较低组织公平感的员工更倾向于与组织离心离德，包括隐性磨洋工行为、暗地里降低产品质量甚至在工作期间处理自己的私事；相反，有较高组织公平感的员工对组织更有积极的情感，如一提到自己所在的企业，就会有自豪感（Ali & Jan，2012）。（3）组织信任，当员工认为自己受到组织平等对待时，就会更相信管理者的决策过程、组织的制度以及组织对员工的承诺，这又反过来增强了他们对组织的好感（Rupp，Shao，Jones & Liao，2014）。（4）组织公民行为，在缺少公平感的组织中，员工损害机器或设备、偷盗组织财物、怠工、在工作期间处理私人事务等行为都会较为明显，而当员工普遍有较高组织公平感时，其工作嵌入状态、加班行为、建言与献策行为、参与决策意愿等都会有较高水平（Khan & Rashid，2012）。（5）员工工作效能感，当员工感受到较为积极的组织公平感时，就会更倾向于积极评价自己的工作能力，或者更相信自己能够把工作做好；相反，不公平感则会损害员工对自己工作能力的自信（Shahidi，Shamsnia & Baezat，2015）。（6）人际关系，较高水平的组织公平感可以增进员工与同事之间的人际交流，也可以增强团队工作过程中的合作行为，原因在于，公平感让员工觉得"大家在组织中的社会地位平等"，从而交往中较少有心理阻碍（Greenberg & Colquitt，2013）。总而言之，组织公平感对员工的行为与心理的影响是多方面并且深刻的。

为什么组织公平感能够显著影响员工诸多方面的组织心理或行为？有研究者根据心理学方面的研究提出了一个解释性的模型：社会环境与组织环境是客观的现实，但员工个体的特征（如其需要、动机与价值观或信仰）会影响到员工对此两者的知觉，然后员工在其知觉的基础上形成了组织中的特定心理与行为表现（Greenberg & Colquitt，2013），如图3-1所示。

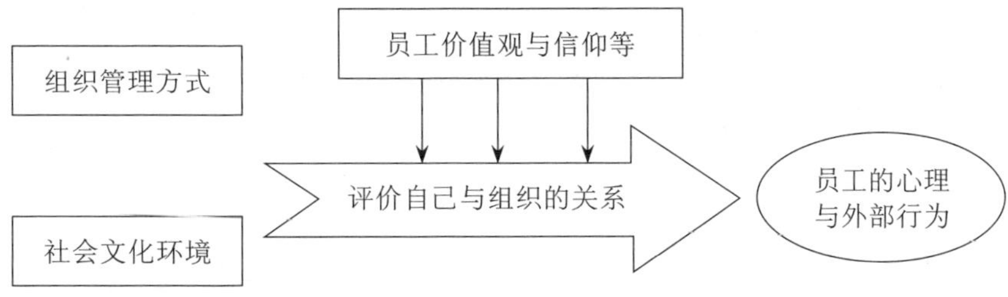

图3-1 环境知觉与员工心理——员工个体特征调节作用

根据这一模型，员工在日常工作中感知组织管理方式的特点，同时受到社会文化背景的影响来评价或认知自己与组织的关系，最终决策其在组织中的工作行为。在这一过程中，员工本身的价值观与信仰发挥着显著的调节作用。

从这一模型来看，员工知觉或理解环境线索后会有意无意地定位"自己与组织的关系"，比如，当员工的需要正好被组织提供的待遇较好地满足后，员工就会对组织有积极的看法与评价，这样员工就会更倾向于认为"组织对自己是重要的或有价值的"，从而在工作中表现出积极的情感与努力的工作行为，此时，"员工-组织"关系是趋向于紧密的；相反，则会趋向疏远。

3.1.2 员工缺少公平感的后果

国内有研究者调查了数十家工厂中的一线员工，发现无论企业使用何种激励措施（如承包制、计件、分等级评价），都会有相当部分的员工缺少公平感。进一步深入访谈表明，员工缺少公平感时都会有复杂的心理过程，但最终出现的结果之一是：员工对企业没有了积极的情感体验。

员工在发现组织中的特定情境时，会根据自己的期望形成不公平知觉，比如，将自己目前的收入、付出等与他人（组织内的或组织外的）进行对比，如果结果对自己不利，就会有较强烈的不公平感；随着时间的延长，员工会对不公平感归因，如是否自己工作行为达不到组织要求，还是组织内部其他自己不可控制因素（如管理方式或激励制度），基于归因的结果，员工在内心中会有不同的反应或感受，比如，当发现不公平的原因是管理者忽略自己的工作能力或没有客观评价自己的工作业绩时，就会对组织有消极的认知评价（如"此企业的管理方式真不规范"），这又会导致员工对组织的消极情感或工作中的消极情绪（吴谅谅，1991）。

不公平感影响员工心理与行为的连续谱如图3-2所示。

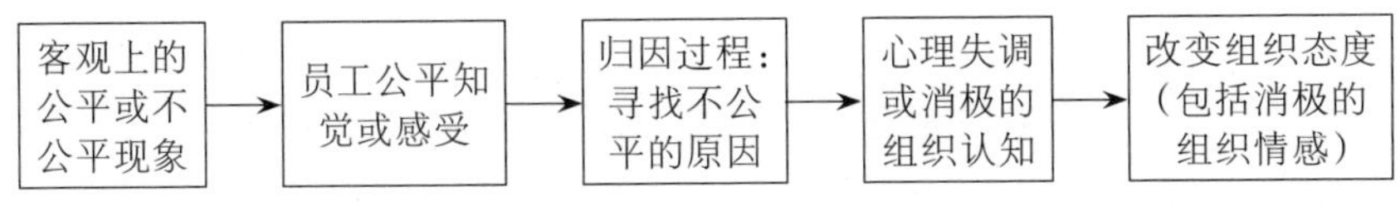

图3-2 不公平感影响员工心理与行为的连续谱

也有研究者认为，当员工发现组织缺少公平时，也往往意味着员工已经开始对组织有消极的认知、产生消极的情感以及消极的工作行为，包括不愿意上班、在上班过程中处理私事、隐性怠工或磨洋工、降低产品的质量等。可见，员工对组织的消极情感既可以基于消极认知，也可以与消极认知同时产生。

也有研究者认为，员工组织公平感对员工的作用是多层次的与多方面的，具体而言就是：（1）组织公平感可以深刻影响员工的个体价值感，包括个体受尊重的程度、工作与生活满意度、自我实现的程度等。（2）组织公平感可以影响员工对组织的认同、与上级的关系、与同事的关系等，这些变量又皆与离职意愿与组织承诺变量有紧密的关系。（3）组织公平感会影响到员工的工作效能感、工作意义感、集体意识甚至员工的工作倦怠感与主观幸福感。因此，组织公平感的缺少会在多个方面带来消极的后果。

3.1.3 组织公平感影响员工情感体验

组织行为领域的研究表明，员工对组织的态度是动态变化的，既包括员工如何评价企业，如何评价自己与企业的关系，也包括员工在组织中的具体行为表现，同时也包括员工对企业的情感，如在提到自己所在的组织时，内心会有何种情感感受（Kaplan，Cortina，Ruark，Laport & Nicolaides，2013）。一般而言，员工对企业的认知、员工在组织中的行为以及员工对企业的情感是一致的与统一的，这样，员工才不会内心失调，比如，当员工发现自己在组织中能够得到公平与公正的对待时，其自尊就会得到较好的满足，这样，他对组织的评价就是积极的，内心对组织也会有积极的情感，在今后的工作中也会表现得更为投入，相反亦是（Ryan，Chan，Ployhart & Slade，1999）。

Palaiologos等人在研究中调查了不是行业一线的员工以及较低层级

的管理者，发现当组织内部人员有较高水平的公平感时，他们会有较高水平的工作满意度，并且对组织也有更为积极的情感，如“我更为喜欢这样的组织”。研究者在深入访谈中发现，公平感可以增强员工与组织在情感上的联结，相反，那些感受到不公平的员工对组织有较高的厌恶感，并且离职意愿会较高（Palaiologos，Papazekos & Panayotopoulou，2011）。研究者得出的结论是，要想让员工对工作满意，对组织亲近，管理者就必须制定公正合理的制度，以最大限度地保证员工的公平感。

Suliman在研究中认为，员工对组织的持续承诺、情感承诺与规范承诺等皆与员工的组织公平感有紧密的关系，特别是员工的持续承诺与情感承诺更是如此。深入的数据分析表明，当员工认为自己在组织中有公平与公正的待遇时，其自尊心就会提高，这又会导致员工对组织产生积极的认知与情感，最终强化其情感承诺（Suliman & Al Kathairi，2012）。在很多有名的跨国公司中，管理制度的完善与合理大大促进了员工的公平感知，结果导致很多员工对组织有很深的情感依恋，如员工在业余活动中身穿带有组织徽章的服饰，甚至在人际交往中有意透露自己的工作单位，或使用自豪的口气向别人宣布自己的组织名称。

中国内地的一些研究表明，员工在组织中的组织公平感既可以影响员工的持续承诺，也可以影响员工在情感方面的承诺。有研究对电信、银行等行业中800多员工进行了调查，发现组织公平感水平较高的员工，更倾向于有较高水平的持续承诺与情感承诺，并且两者可以显著预测员工的离职意向（蒋春燕，2007）。

基于以上分析，现在提出假设：

假设1：员工组织公平感与员工情感承诺显著正相关；

假设2：员工组织公平感可以正向预测员工情感承诺。

3.2 员工建言行为的影响因素

3.2.1 个体特征因素

研究表明，员工的建言行为与其个体特征有紧密的关系，比如，

LePine等人在研究中发现外向性人格与责任心人格较强的员工会更倾向于向组织提出建议或意见，而那些倾向于顺从别人观点以及情绪不稳定的员工较少主动提供建议（LePine & Van Dyne，2001）。国内学者在研究中也支持了这一观点（段锦云，王重鸣，钟建安，2007）。Tangirala在研究中发现员工个人的控制感（personal control）可以显著影响其组织建言行为，具体而言，那些个体控制感较高（即认为自己在组织中有较高的工作自主性以及影响力）的员工无论是在民主型管理还是在家长式管理的环境中皆有较高的建言献策意愿，而那些个体控制感较低的员工只有在管理者鼓励与激励的情境下才愿意提出更多的建议。研究者认为，人格是员工行为的约束力量，个体控制感较低的员工更多地抑制或约束了自己的建言行为（Tangirala & Ramanujam，2008a）。LePine等人发现，员工自尊对建言行为具有显著的调节作用，比如，当员工感觉到较高的工作满意时，高自尊的员工更倾向于向组织提出可行的建议，而低自尊的员工则较少这样做；当员工工作不满意时，无论是高自尊还是低自尊的员工，皆较少向组织主动提供积极的建议（LePine & Van Dyne，1998）。

3.2.2 内部人身份认知与组织认同

社会交换理论认为，在组织的现实管理中，管理者与下属员工之间存在着社会互动行为以及交换行为，比如，当管理者信任员工时，员工就会回报以努力工作，这又会得到管理者更加信任与器重，即管理者也在积极回报员工（回报的具体形式可以是工资、奖金或其他）。同时，在管理过程中，管理者倾向于按照自己的偏好将员工分为“内团体成员”或“外团体成员”，并且对归属于这两个团体的员工有不同的对待方式，这样就会导致员工不同的工作行为。一般而言，当员工发现自己属于管理者的“内团体成员”时，就会更为亲近组织，愿意表现出更多的努力工作行为，包括建言献策；相反，当员工发现自己被定义为“外团体成员”时，就意味着管理者将自己视作“外人”，这样员工的内心就会对组织产生疏离感，对管理者也有心理排斥，从而表现出较为消极的工作行为，包括减少自己建言献策的行为（Stamper & Masterson，2002）。

员工在多大程度上认为自己属于“内团体成员”被称为员工的内部

人身份认知（perceived insider membership）。较多的研究表明，内部人身份认知其实就是考察员工在何种程度上认为自己属于组织，或者认为自己在多大程度上获得了组织（管理者）的接纳、认可与信任。当员工有较强的内部人身份认知时，就会有自豪感、归属感、组织自尊甚至生命意义感，这就导致了其更多的组织公民行为。相反，当员工感觉到自己被组织排斥与不信任时，只会寻找机会离开组织，而不会更深入地嵌入自己的工作中（Masterson & Stamper，2003）。

员工内部人身份认知暗示的一个含义是，员工如何看待自己与组织的关系在很大程度上取决于管理者（或组织）对员工的态度或方式，信任员工、接纳员工、依靠员工，只有这样才能让员工认为自己融入了组织，是组织中重要的一份子，员工才能以努力工作、建言献策来回报组织或管理者（Wang，Chu & Ni，2010）。

另一个与内部人身份认知相类似的观点是员工组织认同（organizational identification），即员工在多大程度上认为自己属于一个组织，或者员工在多大程度上认可自己的组织身份。与内部人身份认知不同的是，组织认同更为强调员工本身因素，而不涉及管理者将员工划分为“不同派别”的倾向（Walumbwa & Schaubroeck，2009）。当员工有较强的组织认同时，就会认为自己与组织有着很重要的相似点（如价值观、信仰），认为自己在组织中能够得到归属感与自尊。这其实反映了员工在多大程度上更愿意亲近组织（Walumbwa & Schaubroeck，2009）。研究表明，组织认同较高的员工会更多地受到组织目标与愿景的激励，会更加主动地关注组织的利益，从而更愿意为组织提出有效的建议（Tangirala & Ramanujam，2008b）。也有研究表明，组织认同并不会直接作用于员工的建言行为，而是会受到其他中介变量的影响，比如员工的人格特征或员工的认知能力（W. Liu，et al.，2010）。

3.2.3 组织因素影响员工建言行为

组织因素包括管理方式、组织气氛、团队工作、组织变革以及员工之间关系等员工个体不能控制或操纵的因素。一般而言，员工如何感知这些因素会在很大程度上影响员工的建言行为。组织因素包括许多变量，并且总是与员工的个体特征以及文化背景等较为宏观的因素一起作用来影响员工的建言行为，表3-1总结了这一领域的部分研究。

表3-1 **组织因素影响员工建言行为**

前因变量	调节或中介变量	建言行为	研究对象	研究者
组织支持感	建议效能感、中国人的传统特性（调节）	向上建言的行为	上海、杭州、北京等大城市的企业一线员工	（高晶晶，2011）
组织支持感	权力距离与中国人的传统特性（调节）	是构成组织公民行为的一个维度	北京、天津与武汉不同行业中27家公司169个员工与主管配对样本	（Farh，Hackett & Liang，2007）
员工工作中的友情	组织与管理者支持感（调节）、心理资本	建言行为	不同省市不同行业企业组织员工	（王立，2011）
对工作关系的应对（合作、竞争或回避）		建言行为（团队有效工作的现代关系结构）	不同省市不同行业企业组织员工	（De Dreu & Van Vianen，2001）
组织提供的资源（如创新资源）	组织支持感、员工责任感、创新资源的多少（调节变量）	建言行为与贡献观念的关系（构成创新的特殊方面）	27个团队	（Pundt，Martins & Nerdinger，2010）
个人控制感	组织认同（调节）	建言行为	德国大城市制造业组织的461名员工	（Tangirala & Ramanujam，2008a）
团队支持感与领导信任程度	团队绩效（调节）与员工嵌入程度	建言行为	美国中西部一家大型医院的586名护士	（Walumbwa & Schaubroeck，2009）
团队工作满意度、团队认同程度、团队建言气氛	团队建言气氛（调节）	建言行为	一个公共组织的502名员工和61位团队领导者	（Morrison，Wheeler-Smith & Kamdar，2011）
员工心理安全感、建设性变革的责任感、组织自尊	建设性变革的责任感与组织自尊（调节变量）	建言行为（抑制性建言与促进性建言）	印度一家大型跨国化学公司的42个工程师团队	（Farh，et al.，2008）

基于本书研究的主题，下面稍加论述心理契约与员工公平感对其建言行为可能带来的影响。之所以提到心理契约，主要是因为在进入组织之前，员工与组织皆对对方抱有某种期望，这些期望中的部分通过白纸黑字的协议进行了表述，而有些只能通过不明说的、双方默认的方式达到一致，其中就包括员工在组织中努力工作，以及员工（期望自己）得到组织的公平对待。在很多时候，员工与组织皆可以认为对方没有遵守心理契约，员工站在自己的立场，会认为组织没有能够如同自己的预期那样公平对待自己，在这种情况下（至少在员工认知中），组织就违背了心理契约。

组织对心理契约的遵守状况对员工的建言行为有很大的影响，所谓心理契约，就是在员工认知中，员工与组织所达成的行为守则，比如，员工努力工作，组织应该给予与其业绩相匹配的待遇与其他奖励，否则，就是组织违背了心理契约（Turnley & Feldman，1999）。同样，在很多文化中，员工进入组织之时，都会与组织达成“公平公正地对待”这一认知，这也属于心理契约的重要组成部分，当员工进入组织之后，发现组织的制度或管理方式并没有公平对待自己或其他员工，这就意味着组织很可能也会不遵守其他心理契约的内容，这导致员工与组织的距离的扩大，从而使员工离心离德，表现之一就是员工对组织中发现的问题不闻不问，漠不关心（Eckerd，Hill，Boyer，Donohue & Ward，2013）。

实际上，组织中的多种因素通常可被称为中观环境因素（与宏观社会文化相对而言），员工对这些因素的知觉、解释或理解在相当大的程度上影响着员工自身在组织中的内部态度与外显的工作行为。近年来，研究者们发现管理方式与组织制度对员工有着特别深刻的影响，尤其是这两个因素在员工认知中的性质。比如，公平理论早已经指出，员工会基于自己所经历的组织制度框架下的收入与付出之比来评价自己的工作，并且以此评价结果决定将来的工作表现。具体而言，当员工发现组织制度框架下的环境对自己是有利的（如自己的付出与收入之比符合自己的预期）时，员工会认为组织中存在着公平，自己受到了公平的对待，这样，员工就会更加努力地投入到工作中，对组织也会有积极的情感联系，同时会有较多的建言行为；相反，当员工发现现行的组织制度使自己的付出远远大于自己得到的回报，员工就会有不公平感，这导致员工会疏远工作与组织，更谈不上有任何建言行为了。也有研究者认为，在员工的心理期望中，组织就应该能够公平对待所有员工，这也是他们心理契约的重要部分，在这一点上，心理契约与组织公平感有较大的交集（S. L. Robinson & Rousseau，1994）。

较多的定量研究已经表明，当员工认为自己在组织中受到公平对待时，员工就愿意贡献自己的建议与意见。比如，Mowday在研究中调查了不同行业中的一线员工与较低层级的管理者，发现那些在工作中较多主动提出工作建议的员工有如下认知特点：（1）认为组织的激励制度对自己是公平的，或者尽管现在激励制度不太公平，但组织正在努力改进；（2）认为管理者既关心工作任务的完成，同时又会公平、亲近地对待所有下属；（3）认为组织在制定与自己利益相关的政策时，会询问自己的看法与意见；（4）尽管组织会批评甚至训导员工，但很少出于偏私或非工作原因。Mowday同时发现，那些认为自己在组织中受到不公平对待的员工更倾向于隐性怠工，或者偷偷损坏组织的财物（Mowday，et al.，2013）。

也有研究者认为，无论是在何种文化背景的企业中，员工都会经常进行社会性对比，以便评价自己是否受到了公平的对待，因为公平与否会关系到自己的生命意义、自尊以及自我价值感。当员工发现自己身处于一个充满着公平的组织中时，员工就会努力去帮助维护或建设这样一个组织环境，这意味着：（1）员工会在组织中更为关注组织的制度建设，同时也会更多地参与这一建设；（2）员工会更多地参与工作决策，以便监督组织运行；（3）当员工发现组织存在着阻碍公平实现的因素时，员工会积极地表达出来，以便消除这种因素；（4）员工会更倾向于响应组织参与决策的要求，以便表达自己的诉求或者将自己建设性的建议有效地表达出来（de Vries，Jehn & Terwel，2012）。总之，de Vries认为员工感受到组织公平时，会更为努力地表现出公民行为以便更有效地维护这一公平。

基于上述分析，现在提出如下两个假设：

假设3：企业员工的组织公平感与其建言行为显著正相关；

假设4：企业员工的组织公平感可以直接正向预测其建言行为。

3.3 员工情感承诺与员工建言行为

3.3.1 员工建言行为的情感或情绪背景

员工在组织中的建言行为与其情绪或情感有着重要的关联。根据情绪心理学的研究，员工在组织中体验到的快乐、满足、友谊、兴趣感等对其社会交往以及认知过程都会有深刻的影响，具体而言，第一，当员工体验到较多的积极情绪时，其注意的范围会拓宽，思维也会比较灵敏，工作中的认知过程较为灵活，这样，员工在应对工作中的任务或问题时就会更为灵活、专注，思路也会更为开阔，从而在决策中提出更多更好的建议。第二，员工在工作与组织中体验到的积极情感也有助于其建构更和谐、更为广泛的人际关系，比如，与同事有着更为融洽的情绪交流与观点碰撞，心理上有较多的安全感，从而更倾向于在工作中大胆提出自己的意见与观点（Fredrickson，2001）。第三，当员工在组织中有更为积极的情感时，对组织中的情境（如管理方式）等都会有较为积极的知觉，从而在组织中适应更为良好，更愿意主动、积极地卷入建言献策行为（Fredrickson & Branigan，2005）。第四，积极情绪有助于个体扩大注意范围，还可以使个体更多地使用整体加工策略，而不是局部加工策略，这显然有助于个体更完整地把握工作或任务行为，从而做出更为理智的决策；消极的情绪或情感则会限制个体的信息加工质量，从而有较差的决策结果（Johnson，Waugh & Fredrickson，2010）。

在组织中，员工建言是存在风险感知的，当向管理者表达自己的观点或建议时，员工需要权衡多方面的利弊而做出合理的决策。从积极情绪的作用来看，如果员工对组织有积极的情感依赖，那么其建言献策时就会有较多的心理安全感、自豪感以及满足感；其认知过程会更为灵活、宽泛（Lauriola & Levin，2001）；相反，当员工对组织有较多的消极情绪或情感时，员工在建言之前就会有较多的心理抵触与不确定性感，也会高估自己建议不恰当而带来的后果，这又会抑制其表达自己观点的意愿（Raghunathan & Pham，1999）。

Weiss等人提出的情绪事件理论（affective events theory，AET）可以很好地解释员工的组织情感何以影响员工的建言行为。该理论认为，员工在组织中的表现皆符合“工作事件（感知）→情绪或情感→工作态度或行为”这一模型，这一观点已经在组织行为学的研究中得到大量采用，并且被证明具有很好的解释能力。这一理论的核心观点之一就是，员工对组织中的客观事件具有自己的知觉或理解，从而产生特定内部情绪或情感体验，这又导致员工对组织或工作的态度变化，带来后续的两种反应：基于判断的行为或者基于情绪的行为（Weiss & Cropanzano，1996）。

基于这一理论与本书的研究背景，可以产生这样的推断：组织的制度、管理方式或激励策略是客观存在的，不同个体特征的员工（如物质主义倾向不同或其他性格因素）会有自己的理解或解读，如它们是公平的还是不公平的，然后，员工对组织会有特定的情绪反应或情感体验，如对组织是气愤、亲近还是更为依赖；不同的情绪与情感结果又会带来员工工作态度的持续或改变，其表现就是基于判断而产生的行为（如组织是公平的，所以努力工作）或者基于情绪而产生的行为（如让人气愤，所以要放慢工作进度）。

员工情绪与情感和工作行为的关系如图3-3所示。

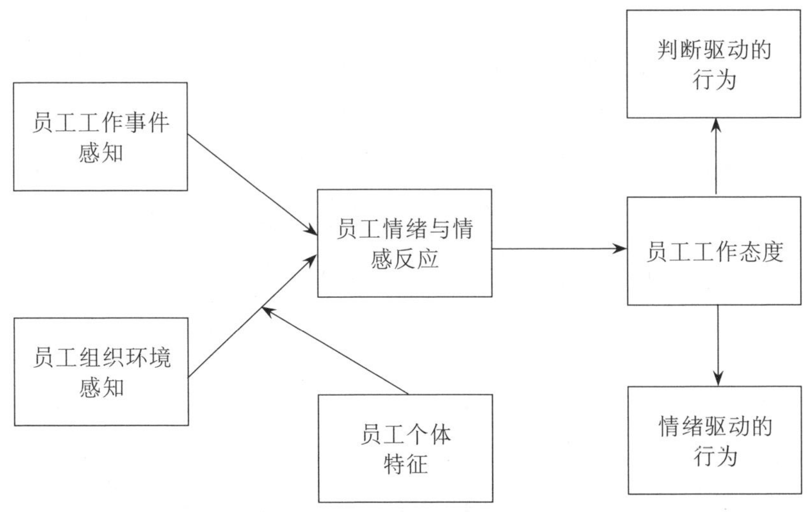

图3-3　员工情绪与情感和工作行为

Weiss提出的情绪事件理论对员工建言行为具有较强的解释能力：员工是否愿意主动贡献自己的看法或观点，关键在于员工能否在组织中有较多的情绪体验，或者员工能否对组织有较高的情感依赖。同时，这一理论还关注到了员工个体特征在组织环境知觉与情绪情感之间的调节作用，Weiss在其研究中更为具体地列举出了能够发挥作用的特征。

3.3.2 情感承诺对员工工作行为的影响

很多研究者认为，尽管员工在工作时具体地使用了双手与大脑，但是，员工作为一个整体的人，具有情感与情绪，因此，在组织工作过程中，员工对组织的情感与情绪在很大程度上影响（甚至是决定）员工的工作行为，比如，科学管理的创始人泰勒就曾经指出，在使用科学管理方式时，必须让员工认可、接受，并且让员工对管理者有积极的情感认同，这样才能在最大限度上提高员工的工作效率。相反，如果员工对组织与管理者没有情感上的积极认同与联系，员工就会有磨洋工行为，甚至破坏机器（Taylor，1911）。在目前的组织行为研究中，学者们更为关注员工的情感与情绪在其工作行为中的作用。

Hartley在研究中发现，员工对组织的情感承诺非常值得单独考察，原因在于：第一，即使是员工基于利益获得的认知而形成了组织承诺，实际上员工对利益的积极期待与评价往往伴随着积极的情感或情绪体验，如果没有这一点，就是完全把员工看成一理性的经济人，这明显与事实不符。第二，在现实生活中，很多员工因为认同组织的价值观（如保护环境）而认为值得为组织效劳，从而在情感上支持组织，但是，在这种情况下，员工并没有更为积极的利益获得评价（Hartley，1998）。实际上，在Hartley的观点中，员工是一个有情感与情绪的个体，他们很有可能只因为（或者主要因为）自己与组织有情感上的紧密关联而有较高水平的组织承诺。

Robinson持类似的观点。他认为，当一个员工不愿意离开现有的组织（岗位）时，至少有三个方面的原因：一是情感上的依恋（如舍不得已经培育的归属感）；二是文化所要求的责任感或者回报态度（如一个有责任的人不会经常更换单位)；三是基于经济人的理性所看重的组织收益（即员工在未来可以在组织中获得更多利益)。其中，情感上的承诺（affective commitment）可能是最为重要的，尤其是在物质需要得到较好满足的时代。Robinson在调查中发现，在现实管理活动中，管理者也在努力讨好自己的员工，刻意培养员工对组织的好感，比如，当员工生日时，组织会主动送上鲜花或蛋糕；员工家庭发生困难时，组织会派人去慰问，组织甚至会讨好员工的重要生活伴侣（如配偶）来增强员工对组织的情感联系（J. R. Robinson，1998)。

Mowday等人在研究中认为，员工-组织纽带（employee-organization linkage）可以用来刻画员工与组织之间的关系，特别是员工与组织间的心理距离（psychological distance)。当员工在内心中认为自己值得亲近、在行为上表现出积极参与组织活动（而不是只顾完成自己职责内的工作）时，往往意味着员工与组织之间的纽带较为牢固，员工与组织的心理距离较近；相反，如果员工努力寻找不同理由来回避组织的任务或其他活动，则表明员工与组织的纽带正在变得脆弱，员工试图与现在的组织保持较远的距离，这可能意味着员工有较高的离职意向（Mowday，et al.，2013)。

Mowday等人认为，在“员工-组织纽带”的构成中，员工对组织的情感依赖非常重要。由于社会发展水平提高，员工在基本的物质需要上已经得到了较好的满足，或者可以在很多行业或企业中得到相同的满足，这样，员工之所以愿意继续留在目前的组织中工作，重要的一个方面就是员工对此组织有情感上的亲近意愿，比如，员工在非工作时间甚至在组织之外的社交场合中非常喜欢穿戴印有组织徽章的服饰，或者他们积极主动地参与组织的庆典活动等。员工对组织的情感亲近并不仅仅表现在热情投入工作方面，还包括维护组织声誉、传播组织积极形象等诸多方面（Mowday，et al.，2013)。总之，在Mowday等人看来，员工对组织情感上的亲近往往伴随着员工多方面积极卷入与组织利益有关的活动中。

基于上述分析，在此提出如下两个假设：

假设5：企业员工的情感承诺与其建言行为显著正相关；

假设6：企业员工的情感承诺能够显著正向预测其建言行为。

3.4 员工情感承诺在组织公平感与建言行为之间的中介作用

所谓中介作用，就是指自变量对因变量的影响有两个路径：一是自变量可以直接影响因变量；二是自变量可以通过作用于中介变量（再由中介变量影响因变量）而间接影响因变量。在本书中，将员工情感承诺视为中介变量，将组织公平感视为自变量，而将建言行为视为因变量。之所以有这种认知，主要基于两个方面的原因。

首先，根据众多心理学的研究，在诸多情境下，个体的情感与情绪是个体认知与后续行为之间的中介变量，具体而言，个体在遭遇某一刺激时，将首先从认知上来理解这一刺激的含义，然后直接采取某一行为，或者紧接着产生某种情绪或情感体验，在此情绪情感的推动作用下，再采取某一行为。当然，在很多情况下，人们可能没有意识到自己的情绪情感过程，或者没有意识到自己的认知（如思考）过程，在一瞬间就采取了某种行为（学者称之为“直觉”）（Dolan，2002）。而个体的态度模型（attitude model）也指出，个体认知过程可以导致情绪与情感体验，从而引起行为；同时，认知还可以直接引起行为。比如，对于组织过程来说，当员工认为自己的工作待遇较高时（认知过程与结果），就会产生积极的情绪体验（如高兴），然后，员工就会有较高的工作卷入行为（如更为专注地工作）。这种情况在组织中是非常多见的，这也是为什么很多组织愿意让自己的员工高兴的原因之一。

在任何组织情境中，员工皆会与组织建立一定的心理关系，或者说，员工在内心会意识到自己“应该更亲近组织”还是“应该更疏远组织”，这种意识其实就是关于自己对组织的情感承诺，有学者称之为心理联结（psychological link）（Yang，2006）。已有研究表明，当员工在工作过程中有较多的积极情绪体验（如自己非常喜欢组织分配的工作任务）时，员工就会倾向于对组织更为满意，不愿意离开目前的组织，在组织中的工作行为也会更为积极。当然，一般而言，这种积极的亲近组织的心态更多时候与认知过程也有紧密的关联（如“这个企业还可以”）。总之，对于员工而言，其情感与情绪经常是其特定工作行为的原因之一。

其次，在目前的研究中，也有部分学者发现员工情感承诺在一定情境中具有显著的中介作用。比如，张振刚认为，当员工发现企业对内部员工比较负责任时，员工就会对企业有较高的情感承诺，这种情感承诺又会导致员工的工作满意度与更努力的工作行为（张振刚，余传鹏 & 林春培，2012）。Farooq在研究中也发现，员工在组织中的公民行为与其工作认知有关，当员工发现自己可以从工作中获得较多利益时，就会对组织有更高水平的承诺（包括情感承诺），这又会导致员工将来更积极的工作行为（Farooq，Payaud，Merunka & Valette-Florence，2013）。

基于以上分析，在此提出如下假设：

假设7：对于企业员工而言，其情感承诺是组织公平感与其建言行为之间的显著中介变量。

3.5 员工物质主义是组织公平感与情感承诺之间的调节变量

物质主义倾向在个体之间有明显的差异，比如，有些个体会在生活或工作中特别重视金钱或财富的占有，而有些个体则会更为看重友谊或健康甚至心理的平静。社会心理学的研究表明，相对于低物质主义者，高物质主义者在社会交往中会更倾向于采取非常现实的态度，即看交往行为或对象能否给自己带来实际的物质利益而非其他诸如情感方面的满足；商业社会培养了人们的物质主义倾向，使人际之间的情感依恋与忠诚变得更少（Fiske，2014）。而在婚姻与幸福感的调查中，学者们也发现那些高物质主义者更倾向于较少建立对配偶的情感依恋，他们的婚姻与幸福感会更多地受到物质状况的影响，而低物质主义者的情况则相反（Carroll & Dean，2011）。

员工的物质主义倾向也会影响到员工与组织的关系。一般而言，很多企业组织不喜欢招聘那些非常看重金钱收入的员工，原因在于两个方面：首先，高物质主义者看重金钱而忽视与同事和上级等之间的人际情感，这样会影响到组织中的团队工作以及组织内部的社会支持系统；其次，高物质主义者较少能够建立起与组织的情感联结，特别是在企业有困难时或者有其他企业提供更高的薪水时，这些员工最先离职，从而消极影响其他同事对组织的看法与感觉（Deckop，Giacalone & Jurkiewicz，2014）。在国内的管理中，同样存在着这种现象。

根据马斯洛的需求层次理论，员工进入企业或者一个组织时，往往有着不固定的期望，这种期望会随着员工生活的变化与社会环境刺激的变化而发生改变。比如，Christopher在研究中发现，新入职的员工，更为关注企业的物质待遇与今后的发展空间；而成熟的员工则更为关注职业上的成长机会。同时，较多的研究表明，尽管所有的企业人员都会比较注重自己的物质利益的获得，但不同的物质主义倾向的员工，在组织行为诸多方面会有显著的不同。Christopher在研究中调查了440名美国企业的员工，来考察其心理幸福感与物质主义倾向的关系，结果表明，尽管个体的自我控制点可以发挥显著的调节作用，但是，从整体上来看，那些具有更高水平物质主义倾向的员工，更倾向于认为自己在组织中工作没有较高的幸福感；那些物质主义倾向较高者，即使在承认自己目前工作比较满意时，也会希望在物质待遇（特别是工资）上获得更多，并且更多地将自己的目光投向别的企业的工资水平。Christopher推断，那些物质主义倾向较高的员工，即使认为自己在工作中有较高水平的幸福感，也会有较高水平的离职意向，因为他们“总是想获得更多的金钱”（Christopher，Saliba & Deadmarsh，2009）。

Ås认为，物质主义倾向较高的员工，与关注自己工资待遇的员工有着显著的区别。前者在评价自己所获得的物质待遇时，较少客观看待自己已有的业绩，或者更倾向于高估自己的业绩，而低估自己物质上的收益；后者则能够在工资待遇与所获业绩之间有平衡的评价，因此，较少抱怨自己的工资状况。Ås认为，在管理过程中，不能一味地强调提高员工的工资待遇（或者物质奖励），因为这样的激励并不能很好地满足那些物质主义倾向较高者，他们永远希望在组织中获得更多物质上的报酬（Ås，1982）。

Zámečník在研究中编制了员工工作动机量表，发现追求金钱或者较为单纯的物质奖励的员工会更倾向于重视工作中的乐趣、归属感与成就感；同时男性更重视物质上的获得，而女性更为重视工作中所建立的人际关系。另外，研究者发现，过于重视物质奖励的员工更倾向于考虑更换工作或者离职，而对物质奖励没有过高追求的员工，只有当工作中其他方面（如人际关系与成就感）不能让自己满意时，才会考虑更换工作（Zámečník，2014）。

基于以上文献参考与分析，在此提出如下假设：

假设8：物质主义是员工组织公平感与其情感承诺之间的显著调节变量。

3.6 员工责任心人格是情感承诺与建言行为之间的调节变量

责任心人格可以在多个方面影响个体的生活行为与工作行为。研究表明，即使在相同的教育环境中，高责任心人格者更倾向于有较好的学业表现，他们总是认真完成作业，也更愿意与上课老师配合；相反，低责任心人格的学生则会在作业行为方面有较多的问题，如不按时递交作业（Trapmann，Hell，Hirn & Schuler，2007）。总之，责任心人格可以调节教育环境与学业表现之间的关系。在企业管理中，也有类似的现象。比如，Choi在观察中发现，在相同的工作环境中（如相同的组织支持、相同的同事关系以及相同的任务难度），高责任心人格的员工则会有更多的积极行为（如关注合作），低责任心的员工则会有较多的不规范行为（如在工作期间处理个人邮件）（Choi & Lee，2014），也就是说，责任心人格是环境与员工表现的调节变量。

Elovainio等人在研究中以1 000多名医院工作人员为对象，发现敌对性人格以及神经质人格倾向皆是组织公平知觉与装病离岗行为之间的显著调节变量，比如，在较低公平知觉的工作人员中，那些有较低敌对人格倾向者（vs.较高敌对人格倾向者）有着更少的装病离岗行为，即使在高组织公平知觉的人员中，低敌对人格者与低神经质人格者也倾向于有较低的离岗行为。研究者认为，可能的原因在于：在公平知觉较高的人员中，那些性格较积极（如低神经质倾向）者更可能成功应对工作中的压力与消极事件；而那些有不良人格特征（如较高神经质）的个体更倾向于在工作挫折或压力下采取情绪化的应对方式（Elovainio，Kivimäki，Vahtera，Virtanen & Keltikangas-Järvinen，2003）。

Elovainio等人在研究中以700多名不同行业员工为考察对象，来分析人格、工作压力与反生产行为（counterproductive work behaviors）的关系。结果表明，大五人格的宜人性与责任心皆是工作压力与反生产行为之间的显著调节变量，比如，与低责任心人格的员工相比，高责任心人格的员工在较高工作压力的情境下也有显著较低的反生产行为，宜人性人格的调节作用也是如此。Elovainio等人认为，基于压力应对理论，积极的人格特征是压力感知与应对方式之间的缓冲区域，那些宜人性人格与责任心人格较为突出的员工，往往有较多的社会支持（如组织中更好的同事关系），这样他们更可能在长期的压力情境中保持优先选择积极应对的倾向，如更多地使用以事为中心的应对方式（Elovainio，et al.，2003）。

众多的心理学研究表明，个体的人格特征可以显著预示个体未来的行为，比如，在相同的环境中，那些人格特征不同的个体往往表现出不同的工作行为。Penney等人在回顾人格与员工行为时发现，在具有相同组织资源与社会支持的环境下，那些宜人性较高的个体更倾向于有较为积极的团队使用意愿，那些责任心人格较为明显的员工，更倾向于积极应对组织委派的任务，无论任务的难度有多大，他们一般不会轻易放弃；相反，低责任心的员工更可能找理由放弃较难的工作任务（Penney，David & Witt，2011）。

国内研究者刘文彬等人以30多家企业的一线员工为被试，来考察员工大五人格特征与其反生产行为的关系，结果表明，责任心人格是组织伦理气氛与反生产行为之间的显著调节变量，具体而言，在伦理气氛较强的组织中（如组织文化强调员工要遵守道德约束），低责任心的员工与高责任心的员工在反生产行为（如私自使用组织财物）上没有显著的差异，但是在弱组织伦理气氛的情境下，低责任心员工的反生产行为则显著高于高责任心的员工。原因在于，伦理气氛尽管对员工有普遍的约束与规范作用，但是，责任心人格较低的员工更倾向于认为规则与制度可以灵活变通，因此，他们更多地不遵守组织伦理的约束（刘文彬，井润田，李贵卿 & 唐杰，2014）。

姚艳虹在研究中考察了员工大五人格与创新行为的关系，结果表明，员工组织公平感并不总能带来较高的创新行为水平，原因在于人格在两者之间有着显著的调节作用：高责任心的员工在感觉到较高的公平时，才会有较高的创新行为水平，而低责任心的员工的创新行为则较少受到组织公平感的影响（姚艳虹 & 韩树强，2013）。

心理学的研究表明，人格之所以能够显著调节情境知觉与行为之间的关系，原因在于三个方面：首先，人格本身代表着个体不同的行为倾向，因此，在相同刺激下，人格不同的个体会有不同的行为；其次，不同人格特征的人往往会有不同的社会关系或社会支持，或者其他可以利用的应对资源；最后，人格不同的个体即使对环境刺激有相同或类似的知觉，这些刺激的意义或价值对不同人格特征者也有较大的差异（Ajzen，2005；陈仲庚 & 张雨新，1986）。

基于以上表述，在此提出如下研究假设：

假设9：对于企业员工而言，其责任心人格是情感承诺与建言行为之间的显著调节变量，具体而言，在低情感承诺情境下，责任心人格较高的人将会有较强的建言行为；在高情感承诺情境下，低责任心与高责任心者在建言行为上将没有显著的差异。

3.7 本章小结

本章的主要内容主要涉及假设的推导与提出。在参考相近文献的基础上，本章归纳、推导了组织公平感、情感承诺与建言行为之间的潜在关系，并以具体的假设形式进行了表达。在推导这些关系时，首先得出变量之间存在相关性，然后进一步得出“谁预测谁”的关系，也就是先确立相关性，然后基于线性回归确立因果关系。

随后，在文献参考的基础上，又得出了员工物质主义与责任心人格的调节作用。前者主要调节员工组织公平感与情感承诺之间的关系，后者主要调节情感承诺与责任心人格之间的关系。下面是本书的所有假设：

假设1：员工的组织公平感与员工情感承诺显著正相关；

假设2：员工的组织公平感可以正向预测员工情感承诺；

假设3：员工的组织公平感与其建言行为显著正相关；

假设4：员工的组织公平感可以直接正向预测其建言行为；

假设5：员工的情感承诺与其建言行为显著正相关；

假设6：员工的情感承诺能够显著正向预测其建言行为；

假设7：对于员工而言，其情感承诺是组织公平感与其建言行为之间的显著中介变量；

假设8：物质主义是员工组织公平感与其情感承诺之间的显著调节变量；

假设9：对于员工而言，其责任心人格是情感承诺与建言行为之间的显著调节变量。

图3-4是本书变量的关系模型图示，以直观地显示上述假设关系。

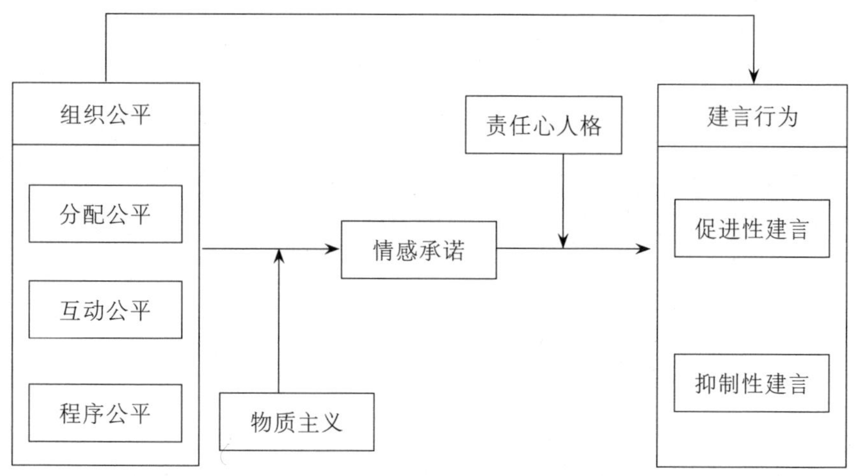

图3-4 变量关系模型图

此外，本书还关注两个重要的人口统计学变量，即员工性别与员工工龄（指在目前组织中的工作时间）。但这两个变量并没有被纳入到上述变量关系模型中，这也意味着并没有涉及这两个变量的研究假设推导。

4 测量工具考量

本研究使用了五个测量工具，即组织公平感、物质主义、情感承诺、责任心人格以及建言行为，这五个量表皆从经典的文献研究中获得，并且得到许多学者的一致认可，有着良好的信度与结构效度。在预研究中，将进一步考察其（各个维度的）克隆巴赫信度以及整个量表测量的效标效度，以增强正式研究的可靠性。

文献回顾表明，员工的责任心人格特征与工作满意度显著正相关（Judge，Heller，Mount，2002）；工作满意度与建言行为有显著的正相关（王永跃，朱玥，王铜安，2013）；工作满意度与员工组织公平感显著正相关（刘苗苗，王一娟，罗正学，2012）；工作满意度与物质主义显著负相关（Liu，Tang，2011）。因此，本研究将工作满意度作为外在效度指标。工作满意度使用一个项目“从整体上来看，我对自己的工作是满意的”来进行测量。

同时，由于本研究有关假设皆基于以往的研究与相关理论而提出，但是，本研究的员工来源毕竟与以往研究不同，因此，为了探索研究假设的正当程度或合理水平，在预研究中将给予初步考证。如果在预研究中发现某个或某些假设存在与现实不符的情况，则需要重新阅读文献以便修正假设，然后再展开正式研究进行假设验证。

预研究的被试者来自沈阳、大连的4家企业，最终有效被试者176名，年龄M=28.68，SD=6.48，其中，男性103名，占58.5%；女性73名，占41.5%。

4.1 测量工具信度的考察

在分析研究工具的信度时，本研究将首先考察每个测量工具中项目的区分度，即建立项目与量表平均值的相关，当相关为正并且显著时，即可认为此项目的区分度较好。在确保每个项目的区分度后，再进行维度的信度分析。

同时，预研究规定，当所有项目构成的维度的信度在0.6～0.7时，如果删除某一项目后其余项目构成的信度远大于0.70，则删除此项目；当所有项目构成的维度的信度在0.7～0.8时，如果删除某一项目后其余项目构成的信度大于0.80，则删除此项目，依此类推。

4.1.1 组织公平感信度分析

根据预研究介绍的信度测量方法，获得了组织公平感所有项目与量表平均值之间的相关情况。具体情况见表4-1。

表4-1 组织公平感量表的项目分析

项目	与量表平均值的相关	每个维度中校正的项总计相关性	在所属维度中删除此项目后的信度	每个维度的信度
分配公平1	0.701**	0.613	0.823	
分配公平2	0.635**	0.662	0.808	0.844
分配公平3	0.568**	0.603	0.824	
分配公平4	0.697**	0.728	0.792	
分配公平5	0.617**	0.649	0.812	

续表

项目	与量表平均值的相关	每个维度中校正的项总计相关性	在所属维度中删除此项目后的信度	每个维度的信度
互动公平1	0.652**	0.353	0.705	
互动公平2	0.338**	0.304	0.733	0.732
互动公平3	0.591**	0.458	0.629	
互动公平4	0.606**	0.541	0.660	
程序公平1	0.524**	0.348	0.739	
程序公平2	0.519**	0.412	0.724	
程序公平3	0.572**	0.413	0.723	0.744
程序公平4	0.603**	0.502	0.704	
程序公平5	0.624**	0.518	0.700	
程序公平6	0.607**	0.535	0.697	
程序公平7	0.607**	0.503	0.702	
组织公平感	1			

**表示在0.01水平（双侧）上显著相关。

从表4-1可以看出，首先，每个项目与量表平均值的相关皆为正，并且全部在中等相关水平以上（即大于0.30），故此可以判断每个项目的区分度良好。其次，在考察信度时发现，在每个维度中，当删除某一项目后，剩余项目所构成的维度在信度水平上并不会明显提高，因此，每个项目都得以保留。这样，组织公平感的三个维度的克隆巴赫信度系数皆较高。

4.1.2 物质主义量表的信度分析

根据预研究介绍的信度测量方法，获得了物质主义量表所有项目与量表平均值之间的相关情况。具体情况见表4-2。

表4-2 **物质主义量表的项目分析**

项目	与量表平均值的相关	每个维度中校正的项总计相关性	在所属维度中删除此项目后的信度	每个维度的信度
成功1	0.677**	0.703	0.873	
成功2	0.753**	0.802	0.856	0.89
成功3	0.752**	0.761	0.864	
成功4	0.732**	0.760	0.863	
成功5	0.596**	0.525	0.899	
成功6	0.750**	0.713	0.871	
中心性1	0.742**	0.546	0.817	
中心性2	0.732**	0.606	0.807	
中心性3	0.595**	0.511	0.822	0.833
中心性4	0.623**	0.545	0.817	
中心性5	0.594**	0.617	0.806	
中心性6	0.661**	0.636	0.802	
中心性7	0.666**	0.619	0.805	
幸福1	0.678**	0.650	0.816	
幸福2	0.676**	0.661	0.813	0.846
幸福3	0.651**	0.678	0.809	
幸福4	0.685**	0.684	0.807	
幸福5	0.652**	0.603	0.830	
物质主义	1			

**表示在0.01水平（双侧）上显著相关。

从4-2表可以看出，首先，每个项目与量表平均值的相关皆为正，并且全部在中等相关水平以上（即大于0.30），故此可以判断每个项目的区分度良好。其次，在考察信度时发现，在每个维度中，当删除某一项目后，剩余项目所构成的维度在信度水平上并不会明显提高，因此，每个项目都得以保留。这样，物质主义倾向量表的三个维度的克隆巴赫信度系数皆较高。

4.1.3 情感承诺量表的信度分析

根据预研究介绍的信度测量方法，获得了情感承诺量表所有项目与量表平均值之间的相关情况。具体情况见表4-3。

表4-3 **情感承诺量表的项目分析**

项目	与量表平均值的相关	每个维度中校正的项总计相关性	在所属维度中删除此项目后的信度	每个维度的信度
情感承诺1	0.435**	0.290	0.759	
情感承诺2	0.630**	0.534	0.727	
情感承诺3	0.613**	0.467	0.735	
情感承诺4	0.553**	0.451	0.737	0.76
情感承诺5	0.508**	0.405	0.744	
情感承诺6	0.399**	0.290	0.760	
情感承诺7	0.548**	0.445	0.738	
情感承诺8	0.614**	0.534	0.725	
情感承诺9	0.600**	0.525	0.728	
情感承诺10	0.386**	0.323	0.754	

**表示在0.01水平（双侧）上显著相关。

从表4-3可以看出，首先，每个项目与量表平均值的相关皆为正，并且全部在中等相关水平以上（即大于0.30），故此可以判断每个项目的区分度良好。其次，在考察信度时发现，在每个维度中，当删除某一项目后，剩余项目所构成的维度在信度水平上并不会明显提高，因此，每个项目都得以保留。这样，情感承诺量表的三个维度的克隆巴赫信度系数皆较高。

4.1.4 责任心人格量表的信度分析

根据预研究介绍的信度测量方法，获得了责任心人格量表所有项目与量表平均值之间的相关情况。具体情况见表4-4。

表4-4 **责任心人格量表的项目分析**

项目	与量表平均值的相关	每个维度中校正的项总计相关性	在所属维度中删除此项目后的信度	每个维度的信度
责任心人格1	0.770**	0.709	0.849	
责任心人格2	0.760**	0.702	0.850	
责任心人格3	0.790**	0.727	0.848	
责任心人格4	0.675**	0.594	0.857	0.87
责任心人格5	0.746**	0.677	0.851	
责任心人格6	0.655**	0.569	0.858	
责任心人格7	0.670**	0.576	0.858	
责任心人格8	0.574**	0.471	0.864	
责任心人格9	0.697**	0.626	0.855	
责任心人格10	0.531**	0.423	0.867	
责任心人格11	0.564**	0.483	0.863	
责任心人格12	0.212**	0.137	0.884	

**表示在0.01水平（双侧）上显著相关。

从表4-4可以看出，首先，每个项目与量表平均值的相关皆为正，并且全部在中等相关水平以上（即大于0.30），故此可以判断每个项目的区分度良好。其次，在考察信度时发现，当删除某一项目后，剩余项目所构成的量表在信度水平上并不会明显提高，因此，每个项目都得以保留。这样，责任心人格量表的克隆巴赫信度系数皆较高。

4.1.5 建言行为量表的信度分析

根据预研究介绍的信度测量方法，获得了建言行为量表所有项目与量表平均值之间的相关情况。具体情况见表4-5。

表4-5 **建言行为量表的项目分析**

项目	与量表平均值的相关	每个维度中校正的项总计相关性	在所属维度中删除此项目后的信度	每个维度的信度
促进性建言1	0.648**	0.560	0.650	
促进性建言2	0.731**	0.551	0.657	0.73
促进性建言3	0.717**	0.538	0.659	
促进性建言4	0.534**	0.377	0.723	
促进性建言5	0.513**	0.424	0.705	
抑制性建言1	0.645**	0.451	0.813	
抑制性建言2	0.674**	0.644	0.755	0.81
抑制性建言3	0.697**	0.574	0.776	
抑制性建言5	0.699**	0.677	0.745	
抑制性建言6	0.699**	0.635	0.757	

**表示在0.01水平（双侧）上显著相关。

在具体分析时发现，每个项目与量表平均值的相关皆为正，并且全部在中等相关水平以上（即大于0.30），故此可以判断每个项目的区分度良好。但是，在考察信度时发现，促进性建言的每个项目在删除后并不会导致此维度信度的明显改进；而抑制性建言中的第四个项目在删除后，维度的信息水平从0.70提高到了0.81，因此，删除第四个项目。最终，两个维度皆包括五个项目，而且信度水平皆达到了0.70以上。

4.2 测量工具结构效度的考察

根据Byrne（2013）和侯杰泰等（2004）的观点，在建立信度之后，最好对测量工具进行结构效度的考察，这样可以确保测量工具能否符合理论建设的概念含义。较多的学者使用Lisrel软件来观察测量工具的测量模式，如果测量模式产生了良好的匹配指数，同时每个项目的载荷量又达到显著水平，则可以认定此测量工具的结构效度良好（Byrne，2013；侯杰泰等 2004）。下面对本研究的5个测量工具一一进行考察。

4.2.1 组织公平感量表的结构效度分析

在本研究中，组织公平感由三个维度构成，即分配公平（5个项目）、互动公平（4个项目）与程序公平（7个项目），如图4-1所示。根据多维度量表结构效度考证的要求，首先，观看每个项目在其相应的维度上的载荷量是否达到显著。结果表明，三个维度所属项目的载荷量皆达到了显著水平（ts > 1.98；ps<0.05）。其次，观看三个维度之间的相关系数情况，结果表明，三个维度之间的相关皆大于0.70，并且达到了显著水平（ts > 1.98；ps<0.05）。最后，观察整个测量模式的匹配指数，结果表明，χ^2/df=2.76，小于3；NNFI =0.90；RMSEA=0.08，尽管稍微大于0.05，但基本达到要求。因此，可以认为组织公平感的结构效度良好（侯杰泰等，2004）。

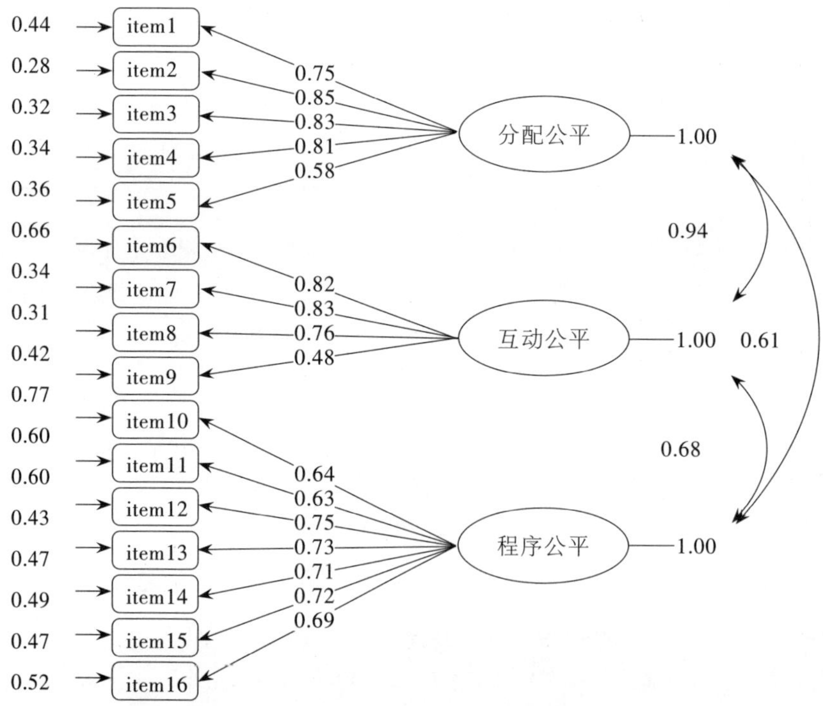

图4-1 组织公平感量表的测量模式分析

4.2.2 物质主义量表的结构效度分析

在本研究中，物质主义量表由三个维度构成，即成功（6个项目）、中心性（7个项目）与幸福（5个项目），如图4-2所示。根据多维度量表结构效度考证的要求，首先，观看每个项目在其相应的维度上的载荷量是否达到显著。结果表明，三个维度所属项目的载荷量皆达到了显著水平（ts > 1.98；ps<0.05）。其次，观看三个维度之间的相关系数情况，结果表明，三个维度之间的相关皆大于0.60，并且达到了显著水平（ts > 1.98；ps<0.05）。最后，观察整个测量模式的匹配指数，结果表明，χ^2/df=3.14，略大于3；NNFI =0.96；RMSEA=0.74，尽管稍微大于0.05，但基本达到要求。因此，可以认为物质主义量表的结构效度良好（Byrne，2013； 侯杰泰等，2004）。

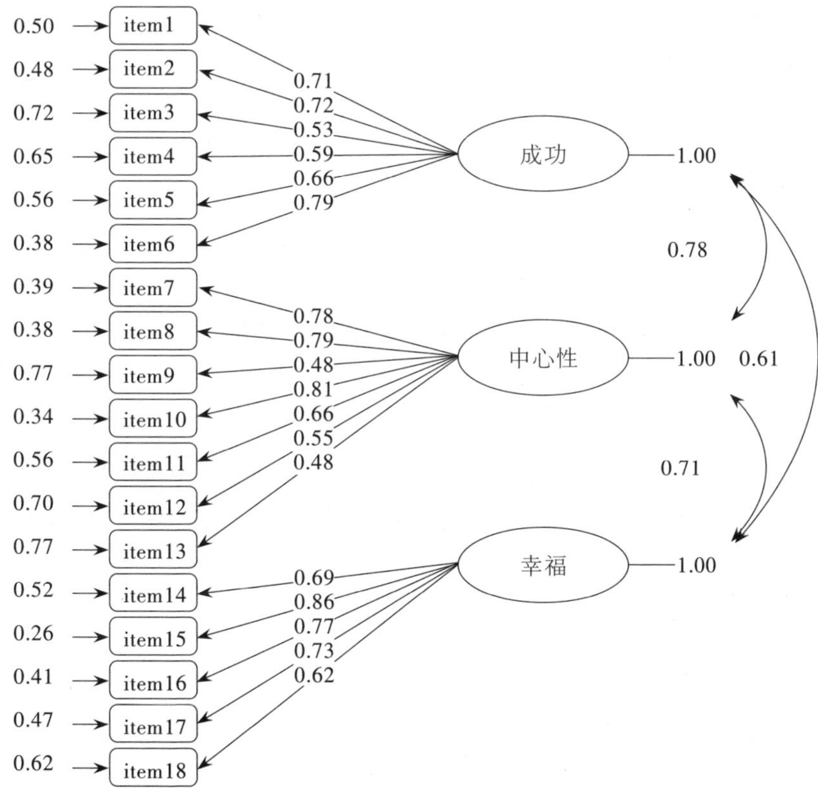

图4-2 物质主义量表的测量模式分析

4.2.3 情感承诺量表的结构效度分析

在本研究中，情感承诺量表由单个维度构成（如图4-3所示），根据多维度量表结构效度考证的要求，首先，观看每个项目的载荷量是否达到显著。结果表明，每个项目的载荷量皆达显著水平（ts > 1.98；ps< 0.05）。其次，观察整个测量模式的匹配指数，结果表明，$\chi^2/df=3.04$，略大于3；NNFI =0.93；RMSEA=0.07，略大于0.05，较好地达到了要求。因此，可以认为情感承诺量表的结构效度良好（Byrne，2013；侯杰泰等，2004）。

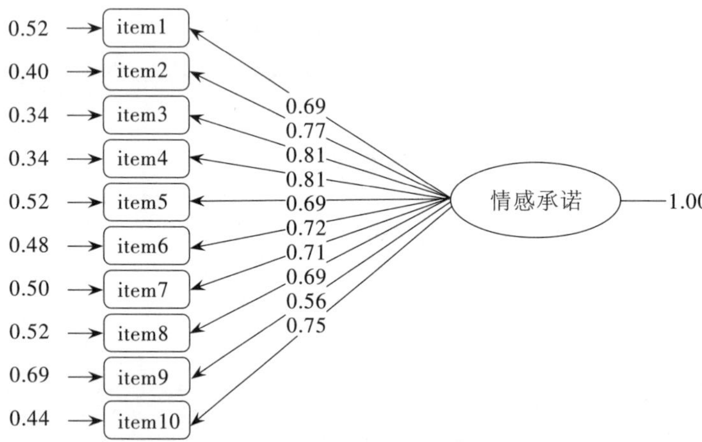

图4-3 情感承诺感量表的测量模式分析

4.2.4 责任心量表的结构效度分析

在本研究中，责任心量表由单个维度构成（如图4-4所示），根据多维度量表结构效度考证的要求，首先，观看每个项目的载荷量是否达到显著。结果表明，每个项目的载荷量皆达到显著水平（ts > 1.98；ps<0.05）。其次，观察整个测量模式的匹配指数，结果表明，$\chi^2/df=2.01$，小于3；NNFI =0.97；RMSEA=0.04，小于0.05，较好地达到了要求。因此，可以认为责任心人格量表的结构效度良好（Byrne，2013；侯杰泰等，2004）。

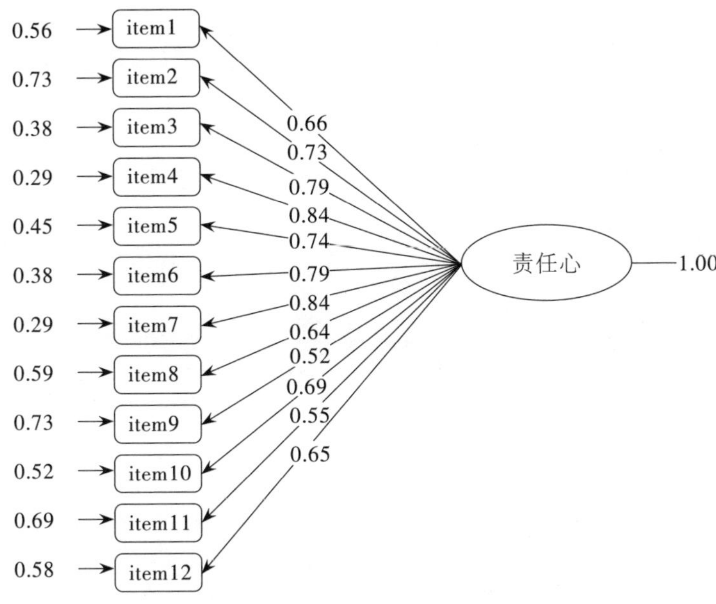

图4-4 责任心量表的测量模式分析

4.2.5 建言行为量表的结构效度分析

在本研究中，建言行为量表由两个维度构成，即促进性建言（5个项目）与抑制性建言（5个项目）（如图4-5所示）。根据多维度量表结构效度考证的要求，首先，观看每个项目在其相应维度上的载荷量是否达到显著。结果表明，两个维度所属项目的载荷量皆达到显著水平（$ts > 1.98$；$ps<0.05$）。其次，观看两个维度之间的相关系数情况，结果表明，两个维度之间的相关皆大于0.70，并且达到了显著水平（$t> 1.98$；$p<0.05$）。最后，观察整个测量模式的匹配指数，结果表明，$\chi^2/df=2.86$，小于3；NNFI =0.94；RMSEA=0.09，尽管稍微大于0.05，但基本达到要求。因此，可以认为建言行为的结构效度良好（Byrne，2013；侯杰泰等，2004）。

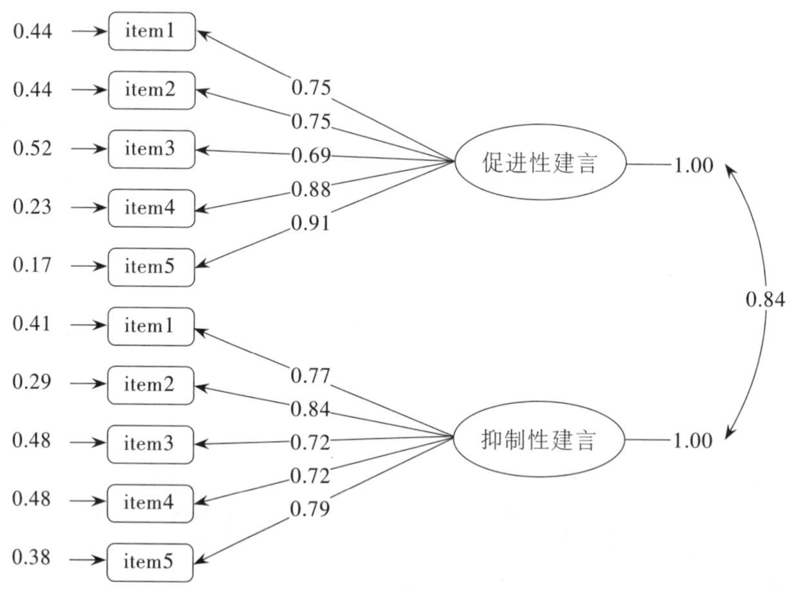

图4-5 建言行为量表的测量模式分析

4.3 预研究中测量工具效标效度的考察

效度的考察主要基于效标效度。根据预研究的目的，特别呈现每个量表的平均值、标准差以及pearson相关系数，见表4-6。

表4-6 **员工在量表的赋值与相关**

项目	平均值	标准差	组织公平感	情感承诺	建言行为	责任心人格	物质主义	工作满意度
组织公平感	4.38	0.96	1					
情感承诺	3.94	0.96	0.627**	1				
建言行为	4.67	1.00	0.403**	0.355**	1			
责任心人格	3.85	1.07	0.154*	0.066	0.248**	1		
物质主义	4.43	1.00	0.117	-0.146	0.175*	0.123	1	
工作满意度	3.67	1.57	0.197**	0.240**	0.349**	0.180*	-0.167*	1

**表示在0.01水平（双侧）上显著相关；*表示在0.05水平（双侧）上显著相关。

从表4-6中可以看出，工作满意度与组织公平感有显著正相关，与情感承诺显著正相关，与建言行为有显著正相关，与物质主义显著负相关，与责任心人格显著正相关，因此，本研究中的组织公平感、情感承诺、建言行为与物质主义4个测量工具皆有良好的效标效度。同时，预研究表明，责任心人格特征与建言行为呈显著正相关，这与其他学者的观点是一致的。最后，组织公平感与建言行为、情感承诺皆有显著的相关，情感承诺与建言行为有显著的相关。

4.4 情感承诺中介效应的预分析

所谓中介效应，即自变量通过第三个变量对因变量发挥影响，此时，就称第三个变量为中介变量，其间接效应为中介效应（温忠麟，张雷，侯杰泰，2006）。在本研究中，根据假设与模型的规定，自变量为组织公平感，因变量为建言行为，第三个变量为情感承诺。同时，根据温忠麟等的观点，在分析第三个变量是否为中介变量时，通常要经过三个步骤的回归分析：第一步，进行因变量对自变量的回归分析，并且必须达到显著水平；第二步，进行第三个变量对自变量的回归分析，并且必须达到显著水平；第三步，进行因变量对自变量与第三个变量的回归分析，并且第三个变量的预测效应必须显著，若这三个步骤都达到要求，则可以认定第三个变量为自变量与因变量之间的中介变量（温忠麟，张雷，侯杰泰等，2004）。根据这一思路，进行三个步骤的回归分析，得到的结果见表4-7。

表4-7 **情感承诺中介效应的分析**

变量		B	Beta	t	sig.	F	sig.	R^2
第一步	（常数）	2.360		4.334	0.000	11.921	0.00	0.172
	性别	−0.009	−0.004	−0.062	0.950			
	年龄	0.015	0.100	1.429	0.155			
	组织公平感	0.430	0.413	5.850	0.000			

续表

变量		B	Beta	t	sig.	F	sig.	R^2
第二步	(常数)	1.018		2.300	0.023	39.677	0.00	0.409
	性别	0.225	0.116	1.951	0.053			
	年龄	-0.007	-0.045	-0.767	0.444			
	组织公平感	0.640	0.639	10.704	0.000			
第三步	(常数)	1.132		1.275	0.204	4.03	0.00	0.09
	性别	-0.130	-0.042	-0.563	0.574			
	年龄	0.015	0.065	0.884	0.378			
	组织公平感	0.188	0.119	1.236	0.218			
	情感承诺	0.316	0.199	2.097	0.037			

从表4-7可以看出，当控制了性别与年龄两个最为常见的被试变量之后：(1) 在第一步回归分析中，自变量公平感能够显著正向预测因变量建言行为；(2) 在第二步回归分析中，自变量组织公平感能够显著正向预测情感承诺；(3) 在第三步回归分析中，自变量组织公平感与第三个变量情感承诺能够一起显著预测因变量建言行为，并且情感承诺的正向预测效应显著，而组织公平感的预测效应变得不再显著。基于此，可知情感承诺是组织公平感与建言行为之间的完全中介变量。

因此，本研究的假设3可以展开进一步考证。

4.5 物质主义调节效应的预分析

所谓调节效应，是指因变量与自变量的关系强弱会受到第三个变量的影响，它与中介变量的区别在于：在中介效应中，自变量在理论上可以导致中介变量的变化，而在调节效应中，并没有这一理论预设（即自变量不能导致调节变量的变化）（温忠麟，侯杰泰，Herbert，Marsh，2008）。根据调节效应的传统分析方法，需要将连续性的自变量与调节变量皆化为二分变量，然后对因变量进行2×2ANOVA分析。因此，在此使用平均值切割法，将组织公平感和物质主义分别化为二分变量。结果见表4-8。

表4-8 **组织公平感与物质主义的分类**

		平均值	标准差	N
低组织公平	低物质主义	3.59	0.79	55
	高物质主义	3.22	0.90	36
高组织公平	低物质主义	4.93	0.67	39
	高物质主义	4.09	0.63	46

对员工情感承诺进行2（高组织公平/低组织公平）×2（高物质主义/低物质主义）ANOVA分析，得到的结果见表4-9。

表4-9 **2×2ANOVA分析结果**

来源	III型平方和	df	平均值平方	F	sig.
修正的模型	64.444[a]	3	21.481	38.040	0.000
截距	2 687.696	1	2 687.696	4 759.424	0.000
组织公平感分类	52.104	1	52.104	92.267	0.000
物质主义分类	15.732	1	15.732	27.859	0.000
组织公平感分类 * 物质主义分类	2.338	1	2.338	4.140	0.043
错误	97.130	172	0.565		
总计	2 899.720	176			
校正的总计	161.574	175			

a表示R^2=0.399（调整的R^2=0.388）。

从表4-9可以看出，组织公平感的主效应显著（F=92.267，p<0.01）；物质主义的主效应显著（F=27.859，p<0.01）；组织公平感与物质主义的交互效应显著（F=4.140，p<0.05）。基于此，可以认为员工物

质主义是其组织公平感与情感承诺之间的显著调节变量。

简单效应分析表明，在低组织公平感情境下，低物质主义者的情感承诺（M=3.60，SD=0.79，n=55）显著高于物质主义者的情感承诺（M=3.22，SD=0.91，n=36，t=2.082，$p<0.05$）。在高组织公平感情境下，低物质主义者的情感承诺（M=4.93，SD=0.67，n=39）显著高于物质主义者的情感承诺（M=4.09，SD=0.63，n=46，t=5.92，$p<0.01$），如图4-6所示。

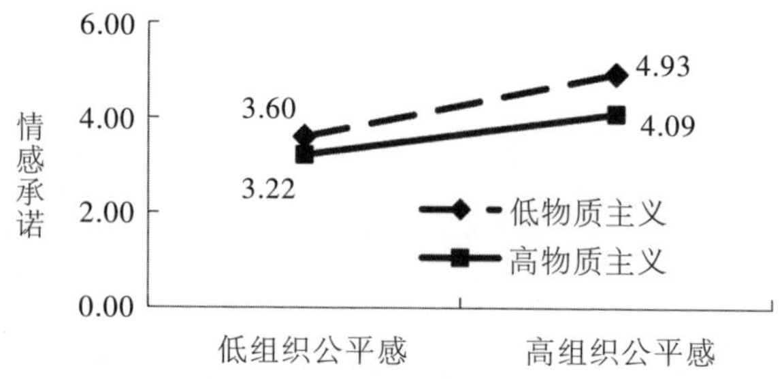

图4-6 物质主义调节组织公平感与情感承诺的关系

4.6 责任心人格调节效应的预分析

根据平均值切割法，首先将责任心人格与员工情感承诺转变为二分变量，得到的结果见表4-10。

表4-10 责任心人格调节效应的分析

		平均值	标准差	N
低情感承诺	低责任心	4.30	0.97	41
	高责任心	4.38	0.89	44
高情感承诺	低责任心	4.55	0.92	41
	高责任心	5.33	0.87	50

对员工建言行为进行2（高情感承诺/低情感承诺）×2（高责任心/低责任心）ANOVA分析，得到的结果见表4-11。

表4-11　　　　2×2ANOVA分析结果

来源	Ⅲ型平方和	df	平均值平方	F	sig.
修正的模型	31.839[a]	3	10.613	12.786	0.000
截距	3 767.275	1	3 767.275	4 538.572	0.000
情感承诺分类	15.698	1	15.698	18.912	0.000
责任心人格分类	8.169	1	8.169	9.842	0.002
情感承诺分类 * 责任心人格分类	5.444	1	5.444	6.559	0.011
错误	142.770	172	0.830		
总计	4 017.460	176			
校正的总计	174.609	175			

a 表示 R^2=0.182（调整的 R^2=0 .168）。

从表4-11可以看出，情感承诺的主效应显著（F=18.912，p<0.01）；责任心人格的主效应显著（F=9.842，p<0.01）；情感承诺与责任心人格的交互效应显著（F=6.559，p<0.05）。基于此，可以认为员工责任心人格是其情感承诺与建言行为之间的显著调节变量。

简单效应分析表明，在低情感承诺情境下，低责任心者的建言行为（M=4.30，SD=0.97，n=41）与高责任心者的建言行为（M=4.38，SD=0.89，n=44，t=-0.39，p>0.05）没有显著差异。在高情感承诺情境下，低责任心者的建言行为（M=4.55，SD=0.92，n=41）显著低于高情感承诺者的建言行为（M=5.33，SD=0.87，n=50，t=-4.18，p<0.01），如图4-7所示。

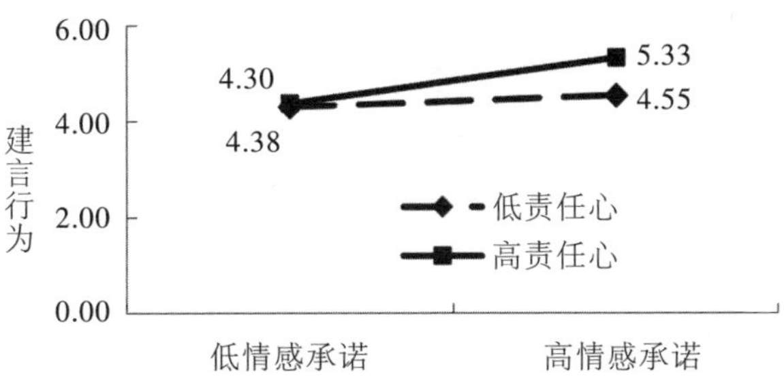

图4-7　责任心人格调节情感承诺与建言行为的关系

4.7 本章小结

本章的主要任务有两个，一是考证测量工具的信度与效度，包括组织公平感量表、情感承诺量表、建言行为量表、物质主义量表以及责任心人格量表。结果表明，除了建言行为量表删除一个项目之外，其余量表皆保持原有项目，并且有较好的信度与效度。总之，这些测量工具符合社会科学研究规范。二是尝试性地考察变量之间的关系，看能否具有验证假设的可能性。结果表明，变量之间的关系基本符合基于文献而得到的假设，这为正式研究打下了良好的基础。

5 变量关系考察

本章为正式研究部分，其主要任务在于：使用预研究中修订的5个测量工具进行施测，来获得员工在组织公平感、物质主义、情感承诺、责任心人格以及建言行为五个变量上的数据，然后使用恰当的数据分析方式来验证基于文献综述而提出的一系列假设与研究模型，随后，会在讨论部分深入分析基于数据考证的结果。

5.1 调查情况的整体描述

正式研究的数据主要从北京、上海、沈阳、大连、本溪5个城市的11家企业中获取。这11家企业包括恒泰艾普石油天然气技术服务股份有限公司、上海天士力药业有限公司、沈阳鼓风机集团股份有限公司、北方重工业集团有限公司、阿克苏诺贝尔粉末涂料有限公司、中国人寿保险股份有限公司大连分公司、大连中远船务工程有限公司、天风期货股份有限公司、辽宁华润本溪三药有限公司、辽宁药联制药有限公司、本溪恒康制药有限公司。本研究的问卷发放形式为纸质版和电子版两种，调查时将电子版问卷和纸质版问卷一并发给这些企业的部分员工，并由他们帮助发放给其他员工，并在10天之内反馈。

本研究共发放问卷530份。由于很多员工在填写时有不同数量项目遗漏，本研究规定，凡是漏答项目超过10个（包括10个）的问卷（包括年龄、性别、工龄等人口统计学变量的项目），将按照废卷进行处理。漏填低于10个项目的问卷为有效问卷，并且使用中位数法来代替漏填项目的赋值。这样，最后得到有效被试者440名，有效率为83%。

在有效被试者中，年龄M=33.35，SD=8.81，工龄在2年（包括2年）以下者为低工龄；工龄大于2年但小于等于6年者为中工龄者；工龄大于6年的员工为高工龄。有效被试者的具体情况见表5-1。

表5-1 **有效被试者的情况**

		频率	百分比（%）
性别	女	199	45.2
	男	241	54.8
婚姻	未婚	177	40.2
	已婚	263	59.8
学历	高中以下	124	28.2
	高中	175	39.8
	大专	79	18.0
	本科及以上	62	14.1
工龄	低工龄	152	34.5
	中工龄	174	39.5
	高工龄	114	25.9
子女数量	0	209	47.5
	1	106	24.1
	2	90	20.5
	3	23	5.2
	4	12	2.7

5.2 数据处理结果

5.2.1 员工在各变量上的赋值情况

首先报告被试者在组织公平感、物质主义、情感承诺、责任心人格与建言行为上的赋值情况，包括量表测量的整体水平与维度水平。同时，为了了解被试者在上述5个变量上的基本状况，特别使用了单样本t检验（以量表中间值4为参照），得到的具体情况见表5-2。

表5-2 被试者在各个量表上的赋值情况

变量	N	平均值	标准差	t	sig.
分配公平	440	4.08	1.03	1.68	0.094
互动公平	440	4.68	1.23	11.59	0.000
程序公平	440	4.28	1.02	5.74	0.000
组织公平	440	4.42	1.01	8.85	0.000
成功	440	4.42	1.06	8.36	0.000
中心性	440	4.30	1.06	5.88	0.000
幸福	440	4.44	1.28	7.26	0.000
物质主义	440	4.38	1.00	7.96	0.000
情感承诺	440	3.90	0.94	-2.18	0.030
责任心人格	440	3.90	1.00	-2.03	0.043
促进性建言	440	4.40	1.16	7.20	0.000
抑制性建言	440	4.65	1.12	12.09	0.000
建言行为	440	4.52	1.06	10.35	0.000

从表5-2可以看出，对于员工而言，其互动公平与程序公平显著高于量表中间值4，整体组织公平感也显著高于量表中间值4。这说明，被试员工在整体上有较高水平的组织公平感。

同时发现，员工物质主义水平显著高于量表中间值4，这表明员工在整体上更看重物质的占有，如工资待遇与奖金的多少。

在情感承诺上，员工的赋值低于量表中间值4，这意味着，在这些被试企业中，员工对组织的情感承诺水平偏低。在责任心上，员工的赋值低于量表中间值4，这意味着，在这些被试企业中，员工的责任心人格水平偏低。

员工的促进性建言与抑制性建言水平，以及员工的整体建言水平皆显著高于量表中间值4，因此可以认为，在这些被试企业中，员工的建言行为较为积极。

5.2.2 组织公平感、物质主义、情感承诺、责任心人格与建言行为的相关

本研究使用pearson相关法来考察员工组织公平感、物质主义、情感承诺、责任心人格与建言行为的相关程度，见表5-3。

表5-3 员工组织公平感、物质主义、情感承诺、责任心人格与建言行为的相关程度

变量	分配公平	互动公平	程序公平	组织公平	成功	中心性	幸福	物质主义	情感承诺	责任心人格	促进性建言	抑制性建言	建言行为
分配公平	1												
互动公平	0.583**	1											
程序公平	0.681**	0.615**	1										
组织公平	0.945**	0.648**	0.882**	1									
成功	0.152**	0.052	0.055	0.122*	1								
中心性	0.134**	0.006	0.059	0.112*	0.738**	1							
幸福	0.164**	0.078	0.118*	0.158**	0.569**	0.754**	1						
物质主义	0.167**	0.049	0.086	0.146**	0.860**	0.941**	0.867**	1					
情感承诺	0.505**	0.538**	0.588**	0.586**	-.128**	-.152**	-.141**	-.158**	1				
责任心	0.105*	0.073	0.095*	0.109*	0.043	0.073	0.064	0.068	0.054	1			
促进性建言	0.411**	0.405**	0.410**	0.447**	0.010	0.049	0.125**	0.068	0.377**	0.234**	1		
抑制性建言	0.344**	0.311**	0.339**	0.372**	0.024	0.037	0.068	0.048	0.333**	0.256**	0.720**	1	
建言行为	0.410**	0.391**	0.407**	0.445**	0.016	0.053	0.107*	0.066	0.382**	0.261**	0.938**	0.899**	1

**表示在0.01水平（双侧）上显著相关；*表示在0.05水平（双侧）上显著相关。

从表5-3得到的结果发现，(1) 对于被试员工而言，其组织公平感的三个维度，以及整体组织公平感皆与建言行为的两个维度和整体建言行为有显著的正相关；(2) 对于被试员工而言，其组织公平感的三个维度，以及整体组织公平感皆与情感承诺有显著的正相关；(3) 对于被试员工而言，其情感承诺与建言行为的两个维度皆显著正相关，与整体建言行为水平也为显著的正相关；(4) 对于被试员工而言，其物质主义与其情感承诺水平显著负相关；(5) 对于被试员工而言，其责任心人格与其建言行为的两个维度有显著的正相关，与整体建言行为也有显著的正相关。

5.2.3 员工组织公平感预测其建言行为

根据本研究的理论探讨与假设，企业员工的组织公平感不仅与其建言行为正相关，而且能够显著正向预测建言行为。由于本研究中的建言行为包括两个维度，即促进性建言行为与抑制性建言行为，因此将分别考察组织公平感对建言行为两个维度的预测效应。此外，员工年龄与其性别是常见的两个被试变量，因此在回归分析中将其视为控制变量，这样可以更好地考察组织公平感的预测效应。

(1) 员工组织公平感预测其促进性建言行为

在回归分析时，将年龄与性别视为控制变量，将分配公平感、互动公平感与程序公平感视为自变量，将促进性建言行为视为因变量。回归分析的结果见表5-4。

表5-4　　员工组织公平感预测其促进性建言行为

变量	B	标准差	t	sig.	F	sig.	R^2
(常数)	1.4	0.319	4.388	0.000	28.739	0.000[b]	0.249
年龄	0.022	0.006	3.866	0.000			
性别	-0.003	0.098	-0.032	0.975			
分配公平	0.197	0.067	2.955	0.003			
互动公平	0.175	0.052	3.365	0.001			
程序公平	0.15	0.07	2.133	0.033			

b表示与平均数相差显著。

从表5-4可以看出，整个回归模型达到显著水平（F=28.739，p<0.01，R^2=0.249）；在控制了年龄与性别两个变量后，分配公平的正向预测效应达到显著水平（B=0.197，t=2.955，p<0.01），互动公平的正向预测效应达到显著水平（B=0.175，t=3.365，p<0.01），程序公平的正向预测效应达到显著水平（B=0.15，t=2.133，p<0.05）。基于此，可以认为员工的组织公平感可以显著正向预测其促进性建言行为倾向。

（2）员工组织公平感预测其抑制性建言行为

在回归分析时，将年龄与性别视为控制变量，将分配公平感、互动公平感与程序公平感视为自变量，将促进性建言行为视为因变量。回归分析的结果见表5-5。

表5-5 **员工组织公平感预测其抑制性建言行为**

变量	B	标准差	t	sig.	F	sig.	R^2
（常数）	2.165	0.306	7.067	0.000	20.230	0.000[b]	0.189
年龄	0.024	0.005	4.438	0.000			
性别	−0.014	0.094	−0.153	0.878			
分配公平	0.174	0.064	2.718	0.007			
互动公平	0.098	0.050	1.960	0.051			
程序公平	0.111	0.067	1.641	0.101			

b表示与平均数相差显著。

从表5-5可以看出，整个回归模型达到显著水平（F=20.230，p<0.01，R^2=0.189）；在控制了年龄与性别两个变量后，分配公平的正向预测效应达到显著水平（B=0.174，t=2.718，p<0.01），互动公平的正向预测效应达到边缘显著水平（B=0.098，t=1.960，p=0.051），程序公平的正向预测效应不显著（B=0.111，t=1.641，p>0.05）。基于此，可以认为员工的组织公平感可以显著正向预测其抑制性建言行为倾向。

5.2.4 员工组织公平感预测其情感承诺水平

根据本研究的理论探讨与假设，企业员工的组织公平感不仅与其情感承诺正相关，而且能够显著正向影响情感承诺。此外，员工年龄与其性别是常见的两个被试变量，因此在回归分析中将其视为控制变量，这样可以更好地考察组织公平感对情感承诺的预测效应。回归分析结果见表5-6。

表5-6　　员工组织公平感预测其情感承诺水平

变量	B	标准差	t	sig.	F	sig.	R^2
（常数）	1.207	0.227	5.317	0.000	62.474	0.000[b]	0.419
年龄	0.011	0.004	2.716	0.007			
性别	−0.149	0.070	−2.127	0.034			
分配公平	0.101	0.047	2.120	0.035			
互动公平	0.181	0.037	4.882	0.000			
程序公平	0.303	0.050	6.080	0.000			

b表示与平均数相差显著。

从表5-6可以看出，整个回归模型达到显著水平（$F=62.474$，$p<0.01$，$R^2=0.419$）；在控制了年龄与性别两个变量后，分配公平的正向预测效应达到显著水平（$B=0.101$，$t=2.120$，$p<0.05$），互动公平的正向预测效应达到边缘显著水平（$B=0.181$，$t=4.882$，$p<0.01$），程序公平的正向预测效应不显著（$B=0.303$，$t=6.080$，$p<0.01$）。基于此，可以认为员工的组织公平感可以显著正向预测其情感承诺水平。

5.2.5 员工情感承诺在组织公平感与建言行为之间的中介效应分析

根据本研究的假设，对于企业员工而言，其组织公平感可以通过两个路径来影响其建言行为，一是直接作用于建言行为，二是通过作用于员工的情感承诺而间接影响建言行为。也就是说，在本研究中，员工的情感承诺是一个中介变量，由于本研究将建言行为分为促进性建言与抑制性建言，因此将分别对这两种建言行为进行中介效应的分析。

此外，根据温忠麟等的观点，中介效应的分析可以分为三个步骤的回归分析：在第一步中，组织公平的三个维度为自变量，促进性建言行为为因变量；在第二步中，组织公平感的三个维度为自变量，情感承诺为因变量；在第三步中，组织公平感的三个维度与情感承诺为自变量，促进性建言行为为因变量（温忠麟，侯杰泰，张雷，2005）。上面的分析已经表明，无论是针对促进性建言行为还是针对抑制性建言行为，第一步与第二步已经得到确立。因此，现在只需要进行第三步，即依旧将性别与年龄视为控制变量，将组织公平感与情感承诺视为自变量，将促进性建言行为和抑制性建言行为视为因变量而分别进行回归分析。

（1）员工情感承诺在组织公平感与促进性建言行为之间的中介效应分析

将年龄与性别视为控制变量，将组织公平感的三个维度视为因变量，将促进性建言行为视为因变量，进行回归分析得到结果见表5-7。

表5-7 员工情感承诺在组织公平感与促进性建言行为中的中介作用

变量		B	标准差	t	sig.	F	sig.	R^2
第三步	（常数）	1.233	0.328	3.757	0.000	24.840	0.000[b]	0.256
	年龄	0.021	0.006	3.581	0.000			
	性别	0.017	0.098	0.178	0.859			
	分配公平	0.183	0.067	2.741	0.006			
	互动公平	0.150	0.053	2.817	0.005			
	程序公平	0.108	0.073	1.477	0.140			
	情感承诺	0.139	0.067	2.065	0.040			

b表示与平均数相差显著。

从表5-7可以看出，整个回归模型达到显著水平（F=24.840，p<0.01，R^2=0.256）；在控制了年龄与性别两个变量后，分配公平的正向预测效应达到显著水平（B=0.183，t=2.741，p<0.01），互动公平的正向预测效应达到边缘显著水平（B=0.150，t=2.817，p<0.01），程序公平的正向预测效应不显著（B=0.108，t=1.477，p<0.01）。同时，情感承诺对促进性建言行为的正向预测效应达到显著水平（B=0.139，t=2.065，p<0.05）。

由于组织公平感对促进性建言行为的预测效应显著，组织公平感也能够显著正向预测情感承诺，在这里又发现组织公平感与情感承诺可以同时显著预测促进性建言行为，并且两者的预测效应皆保持了显著水平。基于此，可以认为员工的情感承诺是其组织公平感与促进性建言行为之间的显著中介变量。

（2）员工情感承诺在组织公平感与抑制性建言行为之间的中介效应分析

将年龄与性别视为控制变量，将组织公平感的三个维度视为因变量，将抑制性建言行为视为因变量，进行回归分析得到结果见表5–8。

表5–8 **员工情感承诺在组织公平感与抑制性建言行为中的中介作用**

变量	B	标准差	t	sig.	F	sig.	R^2
（常数）	2.001	0.315	6.354	0.000	17.731	0.000[b]	0.197
年龄	0.023	0.006	4.146	0.000			
性别	0.006	0.094	0.061	0.952			
分配公平	0.160	0.064	2.502	0.013			
互动公平	0.074	0.051	1.436	0.152			
程序公平	0.069	0.070	0.992	0.322			
情感承诺	0.136	0.065	2.106	0.036			

b表示与平均数相差显著。

从表5–8可以看出，整个回归模型达到显著水平（$F=17.731$，$p<0.01$，$R^2=0.197$）；在控制了年龄与性别两个变量后，分配公平的正向预测效应达到显著水平（$B=0.160$，$t=2.502$，$p<0.05$），互动公平的正向预测效应变为不显著（$B=0.074$，$t=1.436$，$p>0.05$），程序公平的正向预测效应不显著（$B=0.069$，$t=0.992$，$p>0.05$）。同时，情感承诺对抑制性建言行为的正向预测效应达到显著水平（$B=0.136$，$t=2.106$，$p<0.05$）。

由于组织公平感对抑制性建言行为的预测效应显著，组织公平感也能够显著正向预测情感承诺，在这里又发现组织公平感（主要是其中的分配公平感）与情感承诺可以同时显著预测抑制性建言行为，并且两者的预测效应皆保持了显著水平。基于此，可以认为员工的情感承诺是其组织公平感与促进性建言行为之间的显著中介变量。

5.2.6 员工情感承诺中介效应的整体分析

在社会科学的研究中，当测量工具包括多个不同的维度时，往往意味着存在着潜变量（latent virable），这样，在分析变量之间的因果关系时最好使用结构方程模式进行深入的验证。相对于线性回归分析，结构方程模型更能够全面地反映潜变量之间的内部关系。在本研究中，组织公平感包括分配公平、互动公平以及程序公平，这三个维度相当于观察变量（observed virable），而组织公平感只属于理论上的潜在变量，属于一个构想；同样，建言行为被视为包括抑制性建言与促进性建言，也是一个潜变量。基于此，将使用LISERL软件来建立结构方程模式，以便更为深入地考察员工情感承诺在组织公平感与建言行为之间的中介效应。

此外，由于情感承诺被视为中介变量，它仅仅是一个单维度测量(即一个观察变量)，在建立结构方程模型时，最好将单维度的变量分裂为双维度变量，这样就人为地制造了潜在变量，更符合结构方程模型的要求。在本研究中，情感承诺包括10个项目，因此将奇数项目相加总并求平均值，得到维度一，记为情感一；将偶数项目相加总并求平均值，得到维度二，记为情感二，如图5-1所示。

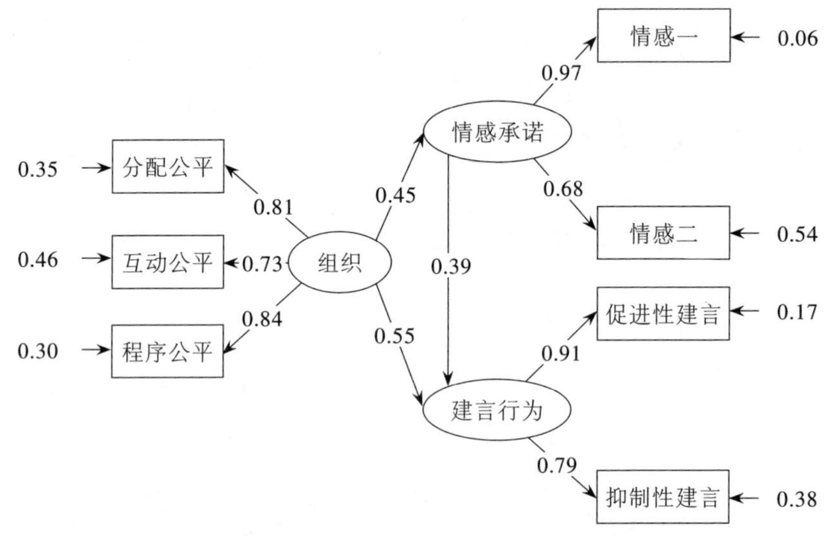

图5-1 潜变量结构方程模式图

(1) 测量模型的分析

根据周子敬的研究，在检验结构方程模型时，有必要先审视其测量模式（measurement model）（周子敬，2006），下面是各测量模式的检测情况。

表5-9 测量模式的分析

潜变量	显变量	回归系数	t	显著性
组织公平感	分配公平	0.81	18.86	显著
	互动公平	0.73	16.65	显著
	程序公平	0.84	19.65	显著
情感承诺	情感一	0.97	22.64	显著
	情感二	0.68	16.04	显著
建言行为	促进性建言	0.91	19.49	显著
	抑制性建言	0.79	17.33	显著

从表5-9可以看出，在组织公平感这一潜变量中，所有观察变量（即维度）的系数都是极为显著的，比如，分配公平=0.49+0.71组织公平感，其负荷值为0.81，其t值18.86远远大于临界值2.58，所以，其负荷极为显著。互动公平与程序公平也是如此，这说明组织公平感的测量模式较好。同样，在情感承诺这一潜变量中，两个观察变量的负荷也都达到了显著水平，这说明情感承诺的测量模式较好；在建言行为的测量模式中，两个观察变量的负荷也都达到了显著水平，因此，建言行为的测量模式较好。

基于上述，本研究中结构方程模型中的测量模式皆与本研究的预期相符，说明了测量模式有较好的内在效度（周子敬，2006）。

(2) 结构方程模式的检验

在检测测量模式的基础上，现在分析结构方程模式（structural equation model）的情况。

在整个结构方程模式中，适配程度参数为，$\chi^2/df=2.31$，RMSEA=0.063，NNFI=0.96，IFI=0.97，CFI=0.97，GFI=0.97。这说明结构方程模式适配度很好。

从潜变量结构方程模型可以看出，组织公平感对建言行为的直接效应值为0.55，其间接效应为0.18（即0.45×0.39）。根据中介效应的分析方法，当间接效应所占总效应（即直接效应与间接效应之和）比较小时，就说明中介效应不显著。在本研究中，间接效应与总效应之比为0.25（即0.18/（0.18+0.55）），即中介效应占据了总效应的25%。因此，可以断定，情感承诺的中介效应是比较显著的。表5-10是结构方程模型的内部效度品质分析。

表5-10　**结构方程模型的内部效度品质分析**

路径	参数	t	验证的假设	结果
组织公平感——建言行为	0.55	5.51	假设4	支持
组织公平感——情感承诺	0.45	4.23	假设2	支持
情感承诺——建言行为	0.39	3.87	假设6	支持
组织公平感——情感承诺——建言行为	0.18	达到总效应的25%	假设7	支持

从表5-10可以看出，在结构方程模型中，组织公平感——建言行为的路径系数（0.55）是非常显著的（t=5.51>2.58），组织公平感——情感承诺的路径系数（0.45）也达到了显著水平（t=4.23>2.58），情感承诺——建言行为的路径系数（0.39）也非常显著（t=3.87>2.58），最后，组织公平感——情感承诺——建言行为的中介效应为0.18，达到了总效应的25%。所以，根据周子敬的观点，结构方程模型的内部品质是良好的（周子敬，2006），其结果也与研究假设4、假设2与假设7相符合。

5.2.7 物质主义在组织公平感与情感承诺之间的调节作用分析

根据本研究的假设，对于组织员工而言，其物质主义价值观倾向可以显著调节其组织公平感与其情感承诺之间的关系。根据温忠麟等的观点，在分析调节效应时，可以首先将模型中的自变量（此处组织公平感）分为二分变量，同时将调节变量（此处为物质主义）也分为二分变量，然后对因变量进行2×2ANOVA分析（温忠麟等，2006）。下面的分析中将采用这一观点。

由于本研究中组织公平感分为三个维度，即分配公平感、互动公平感、程序公平感，因此，使用平均值切割法，将三个维度变为二分变量，同时将物质主义倾向也变量为二分变量，结果见表5-11。

表5-11 **不同组别中员工的情感承诺水平**

		平均值平方	标准偏差	N
低分配公平	低物质主义	3.65	1.02	124
	高物质主义	3.43	0.80	100
高分配公平	低物质主义	4.67	0.73	105
	高物质主义	3.88	0.67	111
低互动公平	低物质主义	3.56	0.88	109
	高物质主义	3.37	0.82	97
高互动公平	低物质主义	4.62	0.89	120
	高物质主义	3.92	0.62	114
低程序公平	低物质主义	3.50	0.93	96
	高物质主义	3.27	0.74	98
高程序公平	低物质主义	4.57	0.86	133
	高物质主义	4.01	0.60	113

（1）物质主义调节分配公平与情感承诺之间的关系

2(低分配公平/高分配公平）×2(低物质主义/高物质主义）ANOVA分析的结果见表5-12。

表5-12 **2×2ANOVA分析结果**

来源	III 型平方和	df	平均值平方	F	Sig.
校正模型	92.154[a]	3	30.718	45.225	0.000
截距	6 677.808	1	6 677.808	9 831.450	0.000
分配公平分类	59.056	1	59.056	86.946	0.000
物质主义分类	28.029	1	28.029	41.266	0.000
分配公平分类 * 物质主义分类	8.753	1	8.753	12.886	0.000
误差	296.144	436	0.679		
总计	7 088.500	440			
校正的总计	388.298	439			

a 表示 R^2=0.237（调整 R^2=0.232）。

从表5-12可以看出，分配公平感的主效应显著（F=86.946，$p<0.01$），物质主义的主效应显著（F=41.266，$p<0.00$），分配公平感与物质主义的交互效应显著（F=12.886，$p<0.00$）。基于此，可以认为员

工的物质主义是其分配公平感与情感承诺之间的显著调节变量。

为了进一步清晰地呈现这一调节效应，特别绘制图5-2。

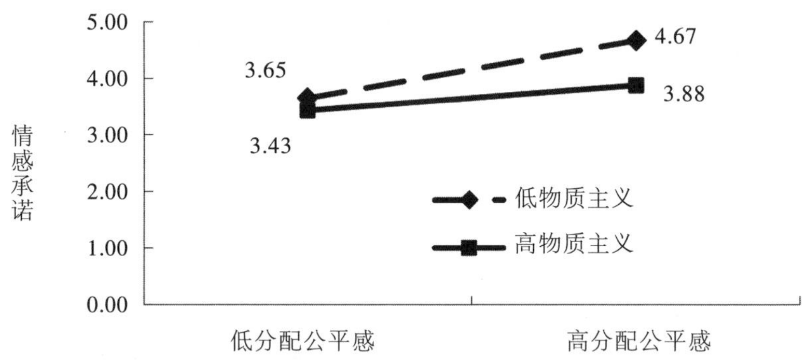

图5-2 物质主义调节分配公平感与情感承诺的关系

使用独立样本t检验进行简单效应分析。图5-2结果表明，在低分配公平感的情境下，低物质主义者的情感承诺水平（M=3.65，SD=1.02，n=124）与高物质主义者的情感承诺水平（M=3.43，SD=0.80，n=100）相比没有显著的差异（t=1.79，p>0.05）。在高分配公平感的情境下，低物质主义者的情感承诺水平（M=4.67，SD=0.73，n=105）显著高于高物质主义者的情感承诺水平（M=3.88，SD=0.67，n=111，t=8.29，p<0.01）。

（2）物质主义调节互动公平与情感承诺之间的关系

2(低分配公平/高分配公平）×2(低物质主义/高物质主义）ANOVA分析的结果见表5-13。

表5-13 **2×2ANOVA分析结果**

来源	III 型平方和	df	平均值平方	F	Sig.
校正模型	102.242[a]	3	34.081	51.945	0.000
截距	6 546.827	1	6 546.827	9 978.537	0.000
互动公平分类	70.528	1	70.528	107.497	0.000
物质主义分类	22.040	1	22.040	33.592	0.000
互动公平分类 * 物质主义分类	7.160	1	7.160	10.913	0.001
误差	286.056	436	0.656		
总计	7 088.500	440			
校正的总计	388.298	439			

a表示 R^2=0.263（调整 R^2=0.258）。

从表5-13可以看出，互动公平感的主效应显著（F=107.497，p<0.01），物质主义的主效应显著（F=33.592，p<0.00），分配公平感与物质主义的交互效应显著（F=10.913，p<0.01）。基于此，可以认为员工的物质主义是其互动公平感与情感承诺之间的显著调节变量。

为了进一步清晰地呈现这一调节效应，特别绘制图5-3。

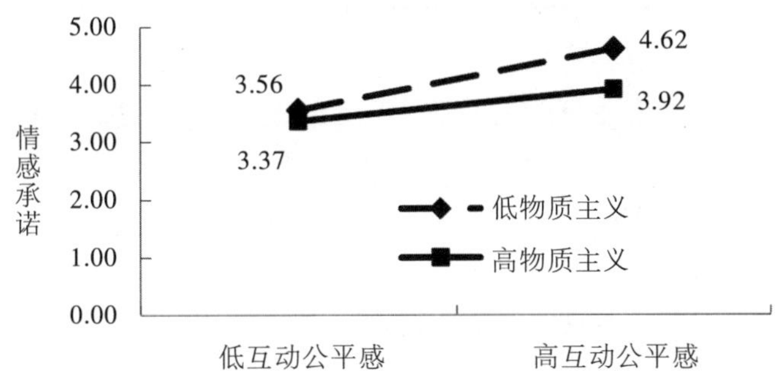

图5-3 物质主义调节互动公平感与情感承诺的关系

使用独立样本t检验进行简单效应分析。图5-3结果表明，在低互动公平感的情境下，低物质主义者的情感承诺水平（M=3.56，SD=0.88，n=109）与高物质主义者的情感承诺水平（M=3.37，SD=0.82，n=97）相比没有显著的差异（t=1.62，p>0.05）。在高互动公平感的情境下，低物质主义者的情感承诺水平（M=4.62，SD=0.89，n=120）显著高于高物质主义者的情感承诺水平（M=3.92，SD=0.62，n=114，t=7.03，p<0.01）。

（3）物质主义调节程序公平感与情感承诺之间的关系

2(低分配公平/高分配公平）×2(低物质主义/高物质主义）ANOVA分析的结果见表5-14。

表5-14 **2×2ANOVA分析结果**

来源	III型平方和	df	平均值平方	F	Sig.
校正模型	116.060[a]	3	38.687	61.958	0.000
截距	6 366.311	1	6 366.311	10 195.894	0.000
程序公平分类	89.666	1	89.666	143.604	0.000
物质主义分类	16.639	1	16.639	26.648	0.000
程序公平分类 * 物质主义分类	2.864	1	2.864	4.588	0.033

续表

来源	III 型平方和	df	平均值平方	F	Sig.
误差	272.238	436	0.624		
总计	7 088.500	440			
校正的总计	388.298	439			

a 表示 R^2=0.299（调整 R^2=0.294）。

从表 5-14 可以看出，程序公平感的主效应显著（F=143.604，p<0.00），物质主义的主效应显著（F=26.648，p<0.00），程序公平感与物质主义的交互效应显著（F=4.588，p<0.05）。基于此，可以认为员工的物质主义是其程序公平感与情感承诺之间的显著调节变量。

为了进一步清晰地呈现这一调节效应，特别绘制图 5-4。

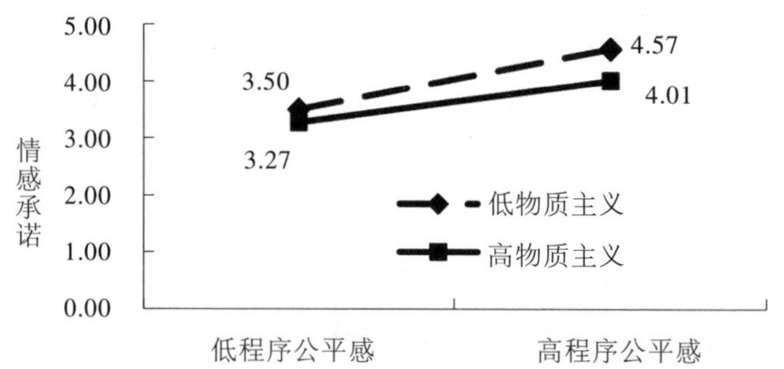

图 5-4　物质主义调节程序公平感与情感承诺的关系

使用独立样本 t 检验进行简单效应分析。图 5-4 的结果表明，在低程序公平感的情境下，低物质主义者的情感承诺水平（M=3.50，SD=0.93，n=95）与高物质主义者的情感承诺水平（M=3.27，SD=0.74，n=98）相比没有显著的差异（t=1.91，p>0.05）。在高程序公平感的情境下，低物质主义者的情感承诺水平（M=4.57，SD=0.86，n=133）显著高于高物质主义者的情感承诺水平（M=4.01，SD=0.60，n=113，t=5.78，p<0.01）。

5.2.8 责任心人格在情感承诺与建言行为之间的调节作用

根据本研究的假设与模型构造，员工的责任心人格是其情感承诺与建言行为两者关系中的调节变量，同时，由于本研究中将建言行为分为了促进性建言与抑制性建言，因此，将分别进行两个调节效应的分析：（1）责任心人格在情感承诺与促进性建言中的调节效应；（2）责任心人格在情感承诺与抑制性建言中的调节效应。

根据温忠麟等提出的调节作用分析方法，在此使用平均值切割法将自变量情感承诺与调节变量责任心人格变为二分变量（温忠麟等，2005），促进性建言与抑制性建言在四个组别中的描述性特征见表5-15。

表5-15　　**不同组别的员工的建言行为水平**

		促进性建言		抑制性建言		
		均值	标准偏差	均值	标准偏差	N
低情感承诺	低责任感	3.86	1.12	4.14	1.05	94
	高责任感	4.05	1.32	4.34	1.15	121
高情感承诺	低责任感	4.37	0.80	4.54	0.86	99
	高责任感	5.16	0.84	5.39	0.93	126

（1）责任心人格在情感承诺与促进性建言中的调节效应

根据温忠麟等的观点，对促进性建言进行2(低情感承诺/高情感承诺）×2(低责任心/高责任心）ANOVA分析（温忠麟等，2005），所得结果见表5-16。

表5-16　　**责任心人格调节情感承诺与促进性建言的关系**

来源	III 型平方和	df	平均值平方	F	Sig.
校正模型	115.652[a]	3	38.551	35.144	0.000
截距	8 232.676	1	8 232.676	7 505.093	0.000
情感承诺分类	71.849	1	71.849	65.499	0.000
责任心人格分类	26.044	1	26.044	23.742	0.000
情感承诺分类 * 责任心人格分类	9.497	1	9.497	8.658	0.003
误差	478.268	436	1.097		
总计	9 108.800	440			
校正的总计	593.920	439			

a表示 R^2=0.297（调整 R^2=0.286）。

从表5-16可以看出，情感承诺的主效应显著（F=65.499，p<0.00），责任心人格的主效应显著（F=23.742，p<0.00），情感承诺与责任心人格的交互效应显著（F=8.658，p<0.05）。基于此，可以认为员工的责任

心人格是其情感承诺与促进性建言行为之间的显著调节变量。

为了进一步清晰地呈现这一调节效应，特别绘制图5-5。

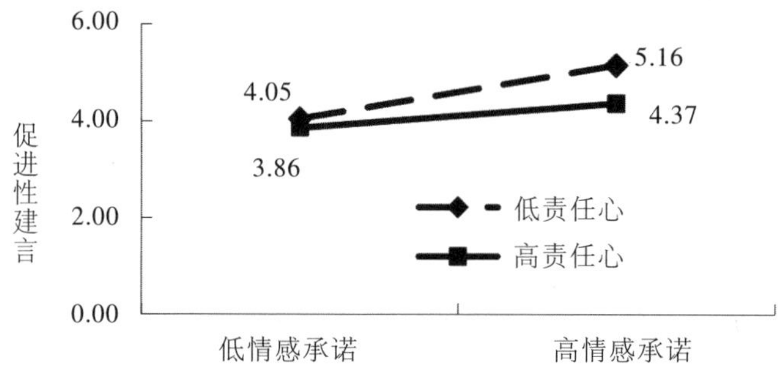

图5-5 责任心人格调节情感承诺与促进性建言行为的关系

使用独立样本t检验进行简单效应分析。图5-5的结果表明，在低情感承诺的情境下，高责任心者的促进性建言水平（M=3.86，SD=1.12，n=94）与低责任心者的促进性建言水平（M=4.05，SD=1.32，n=121）相比没有显著的差异（$t=-1.14$，$p>0.05$）。在高情感承诺的情境下，高责任心者的促进性建言水平（M=4.37，SD=0.80，n=99）显著低于低责任心者的促进性建言水平（M=5.16，SD=0.84，n=126，$t=-7.10$，$p<0.01$）。

（2）责任心人格调节情感承诺与抑制性建言之间的关系

根据温忠麟等的观点，对抑制性建言进行2（低情感承诺/高情感承诺）×2（低责任心/高责任心）ANOVA分析（温忠麟 等，2005），所得结果见表5-17。

表5-17 **责任心人格调节情感承诺与抑制性建言的关系**

来源	III 型平方和	df	平均值平方	F	Sig.
校正模型	106.455[a]	3	35.485	34.900	0.000
截距	9 184.404	1	9 184.404	9 033.062	0.000
情感承诺分类	57.101	1	57.101	56.160	0.000
责任心人格分类	29.550	1	29.550	29.063	0.000
情感承诺分类 * 责任心人格分类	11.666	1	11.666	11.474	0.001
误差	443.305	436	1.017		
总计	10 043.861	440			
校正的总计	549.759	439			

a表示$R^2=0.194$（调整$R^2=0.188$）。

从表5-17可以看出，情感承诺的主效应显著（F=56.160，p<0.00），责任心人格的主效应显著（F=29.063，p<0.00），情感承诺与责任心人格的交互效应显著（F=11.474，p<0.01）。基于此，可以认为员工的责任心人格是其情感承诺与抑制性建言行为之间的显著调节变量。

为了进一步清晰地呈现这一调节效应，特别绘制图5-6。

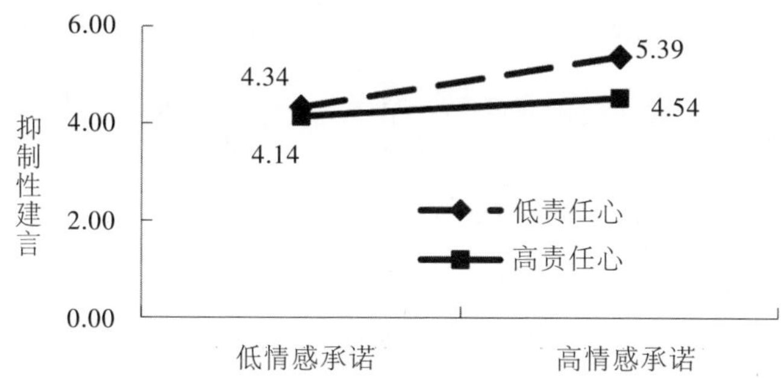

图5-6　责任心人格调节情感承诺与抑制性建言行为的关系

使用独立样本t检验进行简单效应分析。图5-6的结果表明，在低情感承诺的情境下，高责任心者的抑制性建言水平（M=4.14，SD=1.05，n=94）与低责任心者的抑制性建言水平（M=4.34，SD=1.15，n=121）相比没有显著的差异（t=-1.27，p>0.05）。在高情感承诺的情境下，高责任心者的抑制性建言水平（M=4.54，SD=0.86，n=99）显著低于低责任心者的抑制性建言水平（M=5.39，SD=0.93，n=126，t=-7.05，p<0.01）。

5.2.9　员工性别与员工工龄的作用

在一般的研究中，皆较为重视基本被试变量的作用，特别是员工的性别与工龄因素。原因在于：在员工招聘中，企业往往对不同性别的员工有不同的期待，在现实业绩评价中，不同性别的员工也会受到不同的待遇。同时，不同工龄的员工对组织的看法也会不同，其价值观也可能会有显著的差异。因此，本研究在额外分析中将关注这两个变量的作用。

（1）员工性别变量对诸变量的影响

在此使用独立样本t检验来考察员工性别对组织公平感、物质主义、情感承诺、责任心人格与建言行为的影响。结果见表5-18。

表5-18 **不同性别的员工在各变量上的差异比较**

项目	性别	N	平均值	标准差	t	sig.
分配公平	女	199	4.20	1.00	2.133	0.033
	男	241	3.99	1.05		
互动公平	女	199	4.87	1.21	2.981	0.003
	男	241	4.52	1.23		
程序公平	女	199	4.41	1.02	2.364	0.019
	男	241	4.18	1.01		
组织公平	女	199	4.55	0.96	2.425	0.016
	男	241	4.32	1.03		
成功	女	199	4.34	1.15	−1.550	0.122
	男	241	4.50	0.98		
中心性	女	199	4.17	1.09	−2.257	0.025
	男	241	4.40	1.03		
幸福	女	199	4.24	1.24	−3.040	0.003
	男	241	4.61	1.29		
物质主义	女	199	4.25	1.04	−2.559	0.011
	男	241	4.49	0.96		
情感承诺	女	199	4.07	0.95	3.512	0.000
	男	241	3.76	0.91		
责任心人格	女	199	3.99	1.00	1.597	0.111
	男	241	3.83	0.99		
促进性建言	女	199	4.49	1.15	1.433	0.153
	男	241	4.33	1.18		
抑制性建言	女	199	4.69	1.08	0.828	0.408
	男	241	4.61	1.15		
建言行为	女	199	4.58	1.01	1.496	0.135
	男	241	4.43	1.06		

从表5-18可以看出，对于被试企业的员工而言，在组织公平感的三个维度以及整个组织公平感上，女性员工皆显著高于男性员工。在物质主义的中心性、幸福两个维度以及整体物质主义水平上，女性皆显著低于男性，在成功这一维度上，女性与男性没有显著的差异。女性的情感承诺要显著高于男性。女性与男性在责任心人格上没有显著的差异。在建言行为两个维度以及建言行为的整体水平上，女性与男性之间也没有显著的差异。

（2）员工工龄变量对诸变量的影响

在此使用单样本方差分析来考察员工工龄因素对组织公平感、物质主义、情感承诺、责任心人格与建言行为的影响。结果见表5-19。

表5-19　　**不同工龄之间的员工在各变量上的差异比较**

项目	工龄	N	M	sd	df	F	显著性
分配公平	低工龄	152	3.77	1.06	2	16.969	0.000
	中工龄	174	4.10	0.99			
	高工龄	114	4.49	0.93			
互动公平	低工龄	152	4.39	1.28	2	9.918	0.000
	中工龄	174	4.69	1.18			
	高工龄	114	5.06	1.16			
程序公平	低工龄	152	4.00	1.04	2	9.735	0.000
	中工龄	174	4.36	0.95			
	高工龄	114	4.53	1.01			
组织公平	低工龄	152	4.11	1.03	2	16.143	0.000
	中工龄	174	4.47	0.96			
	高工龄	114	4.78	0.91			
成功	低工龄	152	4.60	1.03	2	5.012	0.007
	中工龄	174	4.42	1.04			
	高工龄	114	4.19	1.10			

续表

项目	工龄	N	M	sd	df	F	显著性
中心性	低工龄	152	4.47	0.98	2	4.438	0.012
	中工龄	174	4.29	1.05			
	高工龄	114	4.08	1.15			
幸福	低工龄	152	4.54	1.20	2	1.099	0.334
	中工龄	174	4.46	1.34			
	高工龄	114	4.30	1.28			
物质主义	低工龄	152	4.53	0.94	2	4.117	0.017
	中工龄	174	4.38	1.02			
	高工龄	114	4.18	1.03			
情感承诺	低工龄	152	3.66	0.98	2	15.006	0.000
	中工龄	174	3.87	0.87			
	高工龄	114	4.27	0.89			
责任心人格	低工龄	152	3.72	1.06	2	7.019	0.001
	中工龄	174	3.89	0.92			
	高工龄	114	4.17	0.97			
促进性建言	低工龄	152	4.08	1.19	2	10.005	0.000
	中工龄	174	4.50	1.09			
	高工龄	114	4.67	1.15			
抑制性建言	低工龄	4.27	1.14	4.27	2	14.389	0.000
	中工龄	4.78	0.99	4.78			
	高工龄	4.94	1.16	4.94			
建言行为	低工龄	152	4.18	1.08	2	12.549	0.000
	中工龄	174	4.61	0.92			
	高工龄	114	4.77	1.06			

从表5-19可以看出，对于被试企业的员工而言，不同工龄的员工在组织公平感以及其三个维度上皆有显著的差异，并且呈现的趋势是：随着工龄的提高，公平感有所增强。在物质主义以及其成功与中心性两个维度上，不同工龄的员工之间有着显著的差异，并且表现出的趋势是：随着工龄的提高，物质主义水平在下降，但是，在幸福这一维度上，不同工龄的员工之间差异不显著。

在情感承诺上，不同工龄的员工之间有着显著的差异，并且工龄较高时，情感承诺水平也较高。在责任心人格上，不同工龄的员工之间有着显著的差异，并且工龄较高时，责任心人格水平也较高。

在建言行为的两个维度以及整个建言行为水平上，不同工龄的员工之间皆有差异，并且表现出一致的趋势：随着员工工龄的增长，员工的建言行为也会有所提高。

使用SCHEFFE方式进行事后检验，得到的结果见表5-20。

表5-20 **SCHEFFE方式的事后检验结果**

项目	工龄		mean difference	std error	sig
分配公平	低工龄	中工龄	-0.33*	0.11	0.01
		高工龄	-0.72*	0.12	0.00
	中工龄	高工龄	-0.391*	0.12	0.01
互动公平	低工龄	中工龄	-0.30	0.13	0.08
		高工龄	-0.67*	0.15	0.00
	中工龄	高工龄	-0.37*	0.15	0.04
程序公平	低工龄	中工龄	-0.35*	0.11	0.01
		高工龄	-0.52*	0.12	0.00
	中工龄	高工龄	-0.17	0.12	0.37
组织公平	低工龄	中工龄	-0.36*	0.11	0.00
		高工龄	-0.68*	0.12	0.00
	中工龄	高工龄	-0.32*	0.12	0.03

续表

项目	工龄		mean difference	std error	sig
成功	低工龄	中工龄	0.18	0.12	0.31
		高工龄	0.41*	0.13	0.01
	中工龄	高工龄	0.23	0.13	0.18
中心性	低工龄	中工龄	0.18	0.12	0.29
		高工龄	0.38816*	0.13	0.01
	中工龄	高工龄	0.20	0.13	0.28
幸福	低工龄	中工龄	0.08	0.14	0.86
		高工龄	0.23	0.16	0.34
	中工龄	高工龄	0.15	0.15	0.61
物质主义	低工龄	中工龄	0.15	0.11	0.38
		高工龄	0.35*	0.12	0.02
	中工龄	高工龄	0.20	0.12	0.25
责任心人格	低工龄	中工龄	−0.17	0.11	0.30
		高工龄	−0.46*	0.12	0.00
	中工龄	高工龄	−0.29	0.12	0.06
促进性建言	低工龄	中工龄	−0.42*	0.13	0.00
		高工龄	−0.59*	0.14	0.00
	中工龄	高工龄	−0.17	0.14	0.46
抑制性建言	低工龄	中工龄	−0.51*	0.12	0.00
		高工龄	−0.66*	0.13	0.00
	中工龄	高工龄	−0.16	0.13	0.49
建言行为	低工龄	中工龄	−0.47*	0.11	0.00
		高工龄	−0.63*	0.13	0.00
	中工龄	高工龄	−0.16	0.12	0.42

*表示差异显著。

5.3 本章小结

本章在预研究的基础上，对企业员工进行了测量，并使用线性回归、结构方程模式以及多因素方差分析对数据进行了适当处理，结果表明，建立在文献综述上的假设得到了较好的支持。此外，还分析了员工性别以及工龄对组织公平感、物质主义、情感承诺、责任心人格以及建言行为的影响。这为后面的讨论与分析打下良好的基础。

6 讨论与分析

6.1 预研究结果分析

6.1.1 量表的信度与效度分析

预研究的目的在于对测量工具进行适当的修订，以便使之符合本研究的对象；同时初步确认变量之间的关系是否符合基于文献参考的假设。这对于正式研究的内部效度非常重要。

预研究结果表明，所有测量工具皆有良好的信度指标（其中建言行为量表删除了一个项目）。同时，当使用工作满意度作为效标时，发现工作满意度与组织公平感有显著正相关，与情感承诺有显著正相关，与建言行为有显著正相关，与物质主义有显著负相关，与责任心人格有显著正相关。这些相关特点与以往的研究具有一致性，因此，本研究中的组织公平感、情感承诺、建言行为与物质主义四个测量工具皆有良好的效标效度。

此外，预研究还发现，责任心人格特征与建言行为有显著正相关，这与其他学者的观点是一致的。最后，组织公平感与建言行为、情感承诺皆有显著的相关，情感承诺与建言行为有显著的相关。

综上所述，在效标效度与交叉验证的基础上，可以认为本研究所使用的测量工具皆有良好的效度，符合测量学的一般要求。

6.1.2 变量之间关系的初步考证

在预研究中，逐步回归分析的结果表明，对于被试企业中的员工而言：（1）在第一步回归分析中，自变量组织公平感能够显著正向预测因变量建言行为；（2）在第二步回归分析中，自变量组织公平感能够显著正向预测情感承诺；（3）在第三步回归分析中，自变量组织公平感与第三变量情感承诺能够一起显著预测因变量建言行为，并且情感承诺的正向预测效应显著，而组织公平感的预测效应变得不再显著。

基于此，可以认为员工的情感承诺是组织公平感与建言行为之间的完全中介变量。需要指出的是，由于预研究只是一个初步的探测性考察，因此，在分析中介效应时，并没有将建言行为的两个维度（即抑制性建言与促进性建言）分开考察，在正式研究中，将更为详细地加以考察。

同时，方差分析表明，对于被试员工而言，其物质主义能够显著地调节组织公平感与情感承诺两者的关系，而责任心人格也能显著地调节情感承诺与建言行为的关系。这两个结果表明，关于物质主义的调节作用以及责任心人格的调节作用可以通过正式研究而进行更为具体的考察。

总之，预研究一是考证了测量工具的信度与效度；二是初步支持了研究的假设，这为正式研究奠定了良好的基础。

6.2 正式研究结果分析

6.2.1 员工组织公平感、情感承诺与建言行为的相关

在正式研究中，pearson相关分析表明，对于被试员工而言，其组织公平感与其建言行为存在着显著的正相关。这与研究假设3是一致的，也与其他研究者的观点相同。诸多的研究表明，组织中员工的行为与其对组织环境的感知有紧密的关联。一方面，当员工发现组织中的管理者公平对待下属时，他们就会较为投入地工作，当员工发现管理者有所偏私时，就会在工作中展开消极的行为（如隐性怠工）以显示自己的存在或不满；另一方面，员工的行为也会在一定程度上影响组织环境(包括管理者对待员工的行为)，比如，当员工都较为努力工作或对组织有较高认同时，管理者也会以积极的方式来回报员工（如更为公平对待员工或提升工资等），这一点在社会交换理论中得到了较好的表述。总之，在组织管理实践中，员工的组织公平感与其建言行为倾向是紧密关联的，尽管在一般研究中，往往将前者视为原因（或自变量），将后者视为结果（或因变量），比如，Mowday等就认为，那些认为自己在组织中受到不公平对待的员工更倾向于隐性怠工，或者偷偷损坏组织的财物，认为自己受到公平对待的员工更倾向于向组织贡献自己的观点(Mowday等，2013)。

相关分析表明，被试员工的组织公平感与其情感承诺具有显著的正相关，这与研究假设1也是一致的。以往较多研究指出：(1) 员工与组织之间存在着情感上的联系，这种联系与员工如何评价组织有紧密的关联，比如，那些积极评价组织的员工更倾向于对组织有较强的情感亲近；(2) 现实的管理者通常使用多种手段来“讨好员工”，以便与员工拉近心理上的距离或增进情感联络，这些“讨好行为”包括举行员工聚会、送生日礼物或关注日常生活等；(3) 组织激励政策的公正程度在很大程度上影响着“员工——组织”关系。本研究认为，员工加入到某一组织之后，往往是带着自己的情感体验而来的，甚至在工作中融入自己

的情绪或情感，因此，员工如何看待或感知组织内部的环境或工作线索往往与其自身的动机、需要与情感相关联。同时，根据社会心理学的研究，个体对事物的态度包括认知与情感两个重要的成分，并且两者紧密相关，个体对事物积极（或消极）评价的程度与其对此事物的好感（或厌恶感）是协调一致的，在这种情况下个体的态度才会有内部一致性，否则就会有紧张感。这意味着，当员工积极评价组织时（如有较高的公平感知），员工对组织就会有较为积极的情感倾向，反过来说，当员工对组织有较为积极的情感倾向时，他们也会对组织有较为积极的认知评价。

正式研究的相关分析还表明，对于被试企业的员工而言，其情感承诺与其建言行为具有显著的正相关，这就支持了本研究的假设5。这一观点与其他学者的观点是一致的，比如，Fredrickson认为，在组织中，员工内心有何体验既与其本身的动机、需要有关，也与他们在组织中的行为或工作状态有关，具体而言，当员工在组织中体验到较多的快乐、满足等积极情感时，他们会更愿意与管理者沟通，以及向管理者提出建议或看法；反过来，当员工与管理者沟通较好（如管理者认真倾听员工的心声）以及员工努力投入工作时，他们对组织的情感体验也会发生积极的变化（Fredrickson，2001）。尽管Weiss等人提出了情绪事件理论（affective events theory，AET）来解释“员工情感或情绪可以导致相应的工作行为”。但也有研究表明，员工自愿表达出的工作行为也可以强化或影响其相应的组织情绪（Zerbe，Ashkanasy，Härtel，2012），比如，当员工发现自己经常主动向管理者提出自己的工作建议，或者积极表达改进工作的想法时，员工就会对此行为进行内部归因，以解释自己的积极行为，同时基于这种归因的结果而增强自己对组织的情感联系。这一点在心理学的研究中也得到了支持，即个体通过外部行为而增强自己对事物的情感，比如，我们在使用了某品牌的手机后，会认为此品牌更为亲近。总而言之，本研究认为，在组织情境中，员工对组织的情感或情感倾向与其诸多工作行为是相互紧密关联的：积极的组织情感可以增强员工的积极工作行为，而积极的工作行为又可以（通过自我归因）而强化这种组织情感，这就是两者相关的主要含义。

6.2.2 员工组织公平感正向预测其建言行为

本研究的假设4认为，组织员工的组织公平感可以显著正向预测其建言行为。在后续的回归分析中本研究发现，当控制性别与年龄两个变量后，被试员工的组织公平感可以显著正向预测其促进性建言行为，也可以显著正向预测其抑制性建言行为。这就完全支持了假设4，并且也与其他类似的研究结果具有一致性。对于这一点，可以有多种解释。

首先，心理契约领域的研究表明，当员工加入组织之前，一般会有“自己受到组织公平对待”的期望，如果在加入组织之后的工作过程中发现这一期望得到了满足，员工就会以积极的行为来回报组织，以此来维护员工与组织达成的心理契约。回报行为的方式有很多，如增加自己的公民行为、对工作进行更多的投入或者更为关注组织的事务，这其中也会包括向组织提出工作上的建议。相反，当员工发现组织违背了已经达成的心理契约时（或者员工主观感知到组织违背了），员工就会表现出较多的反生产行为，如隐性怠工行为，以此达到自己的心理平衡（Turnley，Feldman，1999）。在现实管理实践中，很多管理者抱怨员工离心离德，不关心组织的事务，其原因之一就是员工认为组织不公平而缺少了心理契约的约束（Eckerd等，2013）。

其次，公平理论更为深入地从认知角度说明了组织公平感对员工建言行为的影响作用。根据公平理论，员工会经常有意无意地进行社会对比，当员工发现自己的“收益与工作投入之比”低于可对比对象时（包括自己过去的情况、同事或组织外部人员），就会得出自己受到了不公平对待的结论，在这种情况下，员工就会产生心理不平衡从而导致内心紧张，为了恢复内心平衡，员工就会减少自己的投入（如降低产品质量或不关心组织工作）；相反，当员工发现组织对待自己较为公平公正时，为了维持这种公平对待的可持续性，员工就会在工作中进行更多的投入，如向组织提供更多的有建设性的想法与观点，或者在工作时间内更为专注甚至是在组织外部维护组织的声誉等（Robinson，Rousseau，1994）。

最后，根据心理学的研究，个体的行为不仅会受到认知的直接推动，还会受到基于认知而产生的情感或情绪的推动（Fiske，2014），这意味着，在组织中当员工感受到较多的组织公平时，员工就会在内心得到更多的满足，对组织也会较深的好感，并且在情感上更为亲近组织，比如，认为工作是有趣的或者认为组织是可以依赖的。这样，员工就会更倾向于将组织视为自我的一部分，从而将组织的事务视为自己的事情，这最终导致员工有更多的建言行为。也就是说，从组织公平感到建言行为之间，可能有其他更多的变量（包括情感或情绪）在发挥中介作用。这一点在后面还会深入分析。

6.2.3 员工组织公平感正向预测其情感承诺

根据本研究的假设2，员工的组织公平感可以正向预测其情感承诺。在回归分析中，当确定了性别与年龄的作用后，发现被试员工的组织公平感（包括其所有维度）可以显著正向预测其情感承诺，这样，本研究的假设2就获得了完全支持。这一结果与以往相类似的研究具有一致性。

在相关分析中，本研究已经发现员工的组织公平感与其情感承诺具有显著的正相关，在回归中确定了性别与年龄的干扰作用，依然发现组织公平感可以预测情感承诺，这就表明：其一，对于被试员工而言，当员工有较高的组织公平感时，其情感承诺水平也会较高；相反，那些有较低组织公平感的员工更倾向于有较低水平的情感承诺。其二，在本研究的理论框架中，员工组织公平感可以被视为其情感承诺的前置因素，即员工组织公平感的变化会导致其情感承诺的变化。

情感承诺即员工在情感上是趋向于组织还是回避组织，因此，情感承诺是员工内部心理构成之一。根据Greenberg等（2013）的观点，员工对组织环境的感知或评价会影响他们在组织中的内部心理与外部行为表现（Greenberg，Colquitt，2013）。这样，那些积极感知组织公平的员工当然会倾向于在情感上更为亲近自己的组织，而消极感知组织公平的员工则会相反。Palaiologos等在研究中也发现，一线员工在感知到较高水平的公平感时（如工资待遇、晋升公平等），就会对自己的工作更为满意，对组织也会更为满意，从而在内心情感上更为接受管理者与组织；相反，那些较少获得晋升机会、工资较低的员工则更倾向于认为组织不公平，从而内心对工作与组织有较多的厌恶情感，他们的离职率也比较高（Palaiologos等，2011）。

也有一些研究发现，员工对组织的情感是动态变化的，而这种变化由很多原因导致，其中最为重要的因素之一便是组织管理政策所导致的不公平感（Nishikawa，2014）。比如，最为常见的情况是，当组织政策变更（如经济效益不理想）时，部分员工的既得利益受到伤害而产生了不公平感，这导致这部分员工对组织有较多的消极情感，甚至非理性地对待组织的管理措施或变革（Owens，1981）。管理实践也有力地支持了学者的观点，比如，Adler在调查中发现，在很多有名的跨国公司中，管理者喜欢设置良好的制度来促进员工的公平感知（如在制定激励措施时让员工参与），这往往导致可以预期的良好结果：员工会因为组织的努力而感受到更多的公平，从而在内部沟通中表现出对组织的善意与情感上的依赖（Adler，1986）。

6.2.4 员工情感承诺在组织公平感与建言行为之间的中介作用

根据本研究的假设7，员工的情感承诺是其组织公平感与建言行为之间的中介变量，也就是说，组织公平感可以通过两个路径影响其建言行为，一是组织公平感直接作用于建言行为，这一点已经在上面的讨论中给予了分析；二是组织公平感影响员工情感承诺，然后，情感承诺又作用于建言行为。从本研究的逐步回归分析来看，这两点都得到了较好的满足，因此，可以认为本研究的假设7得到了很好的支持。

心理学的诸多研究已经表明，个体的认知、情感以及环境可以同时作用于个体的行为（或行为倾向），并且这三者之间相互影响（金盛华，张杰，1995），比如，有研究认为，个体在接触到环境刺激（如本研究中的组织公平实践）这一客观事实之后，就会形成一定的认知评价（如本研究的组织公平感），这认知评价本身就可以推动个体的行为。同时，基于这种认知评价，个体又会对外部刺激产生一定的情感或情绪，当产生积极的情感或情绪时，个体就会更为趋向此刺激，而当产生消极的情感或情绪时，个体就会回避此刺激（Neil，2007）。也就是说，在这一过程中，情感承诺在认知与行为之间扮演着中介的作用。这正是本研究中中介效应分析的重要理论基础。在组织行为领域的研究中，学者们发现员工对组织的看法可以影响员工内部的情感或情绪，然后这种情感或情绪又可以作用于其外部工作行为，比如，当员工发现自己的工资待遇与晋升方面获得公平与公正的对待后，他们对组织与其工作就会有积极的情感体验（如工作满意度），从而表现出更积极地组织公民行为（Mukoyama，Patterson，Sahin，2014）。这一行为模式完全符合上述心理学的观点。

员工情感承诺与其建言行为有着显著的正相关（这在前面已经讨论过），中介效应分析进一步指出，员工情感承诺可以显著影响其建言行为水平，也就是说，较高水平的情感承诺意味着员工在组织中会有（或将来也会有）较多的建言行为；而较低情感承诺的员工会有（以及将来也会有）较少的建言行为。相近领域的研究可以从理论上较好地解释这一点。比如，情绪心理学的研究发现，当员工在组织中感受到较多的积极情感或情绪时，其思维方式就会比较灵活，思路也会更开阔，从而更能够提出有建设性的建议，也更愿意卷入建言献策的行为之中（Johnson等，2010）；也有研究者认为，在组织中员工容易感受到心理上的风险，但是当员工发现组织中有公平与公正的制度后，其风险感知就会降低，这样员工就会有更多的心理安全感（情感特征），从而更愿意提出良好的建议（Raghunathan，Pham，1999）。情感事件理论的“工作事件（感知）→情感或情绪→工作态度或行为”模型更是明确指出，员工在组织中或对组织的情感体验是其积极工作行为的重要基础之一（Weiss，Cropanzano，1996），比如，当员工在组织中有满意感、对组织有积极的主动依赖时，就会更愿意将组织的事务视为与自己密切相关的事情，从而更积极与主动地改进自己的工作行为，或者更多地提出更好的建议或意见。

组织中每个员工都是一个整体的、活生生的人。他们时刻在进行着认知、情感与工作行为决策。员工对组织的管理方式、激励措施、同事互动、工作性质等都会形成自己的感知或评价，然后基于此形成自己的内部情感，这种情感既针对工作、岗位、同事，也针对整个组织或自己与组织的契约关系。当这些领域的情感较为积极时，员工就会在情感的推动下表现较多的组织公民行为、工作卷入行为以及建言献策行为。因此，在一般的组织实践中，员工的任何工作行为都具有认知特点与情感或情绪背景。科学管理学者泰勒在管理实验中发现，当管理者关心员工时，员工就会有更多的积极情感或情绪（如满意感以及认同组织），这样，员工会更倾向于配合科学管理措施，并且能够主动积极地提出工作中的建议（泰勒，2012）。著名的霍桑实验也在一定程度上说明了这一点：让员工高兴、满意并且在情感上接受管理者与组织，这样才能从员工那里获得管理上的不足与建议（Marriner，1993）。

6.2.5 物质主义的调节作用分析

根据本研究的假设8，员工的物质主义倾向可以显著调节组织公平感与情感承诺的关系，具体而言，在低组织公平感的情境下，高物质主义者与低物质主义者在情感承诺上将没有显著的差异；但是，在高组织公平感情境下，两者将有显著的差异，并且低物质主义者将比高物质主义者有较高的情感承诺水平。在本研究中，将组织公平感分成三个维度（分配公平、互动公平与程序公平）来进行调节效应的分析，结果皆较好地支持了假设8。

价值观是个体对事物所持有的信念，包含个体对事物赋予的个人意义与社会意义；这种信念指引着个体对社会事物好坏与对错的辨别，并同时体现了个体的主观意志与主观情感。无论是在组织中还是在生活中，价值观都指引人们展开特定行为、感受特定情感或情绪的最重要内部因素之一。有研究认为，人们的生活方式以及工作内容、方式与过程等实际上是在体现、实践着自己的价值观念，比如，那些特别重视人际关系和谐的个体，就会很在乎与同事的合作；那些特别重视金钱的个体，就会为了获得更高的工资而轻易离职（金盛华，张杰，1995）。在生活中，那些非常看重金钱与物质的个体则很少在乎人与人之间的情感依恋。

在组织中，金钱占有与物质占有的欲望或倾向代表着员工的物质主义价值观水平。研究表明，不同物质主义水平的员工在工作行为上与内部心理状态上有较大的差异。比如，与低物质主义员工相比，高物质主义员工：(1) 在展开工作行为之前更多地考虑自己能获得多少物质（加薪或其他奖励）回报，这些他们会仔细地计算；(2) 他们更少关注工作中的良好人际关系以及情感因素，他们非常现实；(3) 他们在工作中更倾向于为追求更高的工作与物质奖励而频繁离职（Norris等，2012)。这些观点表明，物质主义倾向可以显著调节员工在组织中的内心体验与外部工作行为。

以往较少有研究者考察不同物质主义倾向的员工如何看待组织公平因素，以及两者在情感承诺上有何差异。本研究认为，在低组织公平感的情境下，无论是高物质主义者还是低物质主义者，都不会对组织有较高的情感承诺，原因在于，组织缺少公平最能伤害员工，比如，较为著名的公平理论就指出，员工在组织中经常进行社会比较，当发现自己受到忽视、歧视或不公正对待时，就会受到伤害（如没有自尊或不满)。但是，当员工感受到较多的组织公平时，并非都会对组织有较高的情感承诺，那些高物质主义员工向来最重视金钱与物质，他们并不会很在乎（或者较少体验到）自己与组织之间的情感联系；相反，低物质主义者则更倾向于感受到（或更易受）自己与组织之间的情感关联。正如一位管理者所言，不要总是希望用很高的物质报酬来吸引员工，非常看重物质报酬的员工很难对组织有深厚的感情，他们会认为“这正是我的努力换来的，是应该得到的”，而不会对组织有较多的不舍情感（Yao, Ichikawa, Graham, 1987)。正因如此，日本企业提倡报恩、感恩、家庭文化等组织文化，并以此来增进员工与组织之间的情感联系，同时努力抵销商业社会中物质主义对“员工——组织”关系的侵蚀（Lin, Baldwin, 1988)。

6.2.6 责任心人格在情感承诺与建言行为之间的调节作用

根据本研究的假设9，员工责任心人格是情感承诺与建言行为之间的显著调节变量。具体而言，在低情感承诺的条件下，低责任心者与高责任心者在建言行为上没有显著的差异；但是，在高情感承诺的条件下，与低责任心者相比，高责任心的员工会有更高水平的建言行为。在本研究的统计分析中，将建言行为分裂为两个维度，即抑制性建言与促进性建言，结果表明，假设9得到了很好的支持。

根据众多心理学领域的研究，个体的人格特征可以深刻地影响个体的外部行为或行为倾向。责任心人格是五大人格中的一个重要的维度，与低责任心者相比，高责任心者更愿意遵守规则、风俗习惯，做事也比较有计划与安排，并且更倾向于认真完成预定任务；在组织中，高责任心者更愿意遵守组织制度、更认真对待自己的工作、更倾向于关心职责之外的组织事务以及工作卷入水平更高（Whyte，2013）。组织行为领域的众多研究表明，与低责任心者相比，高责任心者有更高水平的公民行为与工作业绩（Hurtz，Donovan，2000）。Choi和Lee在观察中也发现，在相同的工作环境中（如相同的组织支持、相同的同事关系以及相同的任务难度），高责任心人格的员工则会有更多的积极行为（如关注合作），低责任心的员工则会有较多的不规范行为（如在工作期间处理个人邮件）（Choi，Lee，2014），可见，责任心人格特征是调节员工工作行为的一个重要变量。

Elovainio等在研究中认为，积极的人格特征（如较高的责任心人格与较低的神经质）能够增强员工采取积极应对策略的倾向（Elovainio等，2003），比如，当员工对组织有较高的情感承诺时，那些人格特征较为积极的员工在面临有压力的工作环境时，更可能使用理智的、以事情为中心的应对方式（如向管理者求助），而不是发泄负面情绪或回避任务。本研究预测，在高情感承诺的情境下，与低责任心人格的员工相比，高责任心人格的员工在面对消极的工作情境（如工作流程效率低或有其他阻碍工作完成的因素）时，会更倾向于使用积极的应对策略，包括与同事商量以及向管理者提出建议。总之，他们会积极处理与工作相关的事情，而不是置之不理。

也有研究发现，宜人性、责任心等人格较为明显的个体在工作与生活中更倾向于获得广泛的人际支持，也更容易建立起良好的社会支持系统，比如，他们会有较好的同事关系和上下级关系。这就意味着，在高情感承诺的情境下，高责任心人格的员工由于有较好的社会支持系统，他们在面对阻碍工作效率与组织运行的问题时，更愿意提出建议而不用担心自己会受到他人的情感排斥或压力。

6.2.7 性别影响组织公平感、物质主义、情感承诺、责任心人格与建言行为

在本研究中，使用独立样本t检验分析了不同性别的员工在组织公平感上的差异，结果表明，在组织公平感上男性与女性有显著的差异，并且女性显著高于男性。本研究认为，在我们的传统文化中，男性与女性面对着不同的社会期待，比如，男性一般被认为是家庭中的主要经济来源，而女性则被认为是应该“守在家里照顾老小”，而不是“到社会上或企业中挣钱”，因此，女性如果能在企业里挣到工资就已经超出了社会期望，与男性相比，她们对自己的工资待遇要求并不太高。这样，企业中的女性员工更少感受到工资待遇方面的不公平。同样，在我们传统的文化中，男性一般更多被期望成为管理者，而女性则更多被期望成为一般员工，因此，在企业或组织中，女性也会较少关注程序上的不公平，而男性竞争性与事业心较强，就会更多地关注程序上的不公平。此外，由于传统文化的要求，女性更倾向于与人合作，并同时展现友好的一面，而男性则更强调竞争、进取与获胜，因此，男性会更多地感觉到组织中人际互动的不公平。

独立样本t检验表明，男性员工与女性员工在物质主义倾向上有显著的差异，并且前者显著高于后者。这有两个解释，一是从进化心理学的角度来看，成年男性通常更注重物质创造和以占有更多的物质为目标核心，而女性角色相对柔和，较为注重情感和情绪。所以，男性在社会活动中对物质占有的欲望相对强烈。二是社会文化的期望，在一般的文明社会中，人们更多地期望男性要敢于竞争，要有更好的社会地位与物质基础，而女性要会持家，要外表漂亮与性格温柔，这种期望不仅在家庭生活中存在，在企业组织中也明显地占据人们的意识核心。相对而言。人们一般会更鄙视那些唯钱是图的女人，对男性的物质欲望则较为宽容。

独立样本t检验发现，在被试企业中，女性的情感承诺水平要显著高于男性。这一点依然可以从心理学的理论得以解释。首先，在我们的文化中，女性历来被期望为“贤惠、漂亮、忠诚、依赖”，并且是“合

作的、关爱的”，同时，女性在生活与工作中也更倾向于与人交往以形成情感上相互支持的关系。相反，社会文化要求男性要“勇敢、粗犷、豪爽”，并且是“竞争的、进取的”，同时男性在生活与工作中更多地以竞争取向来处理人际关系（时蓉华，1989），所以与女性相比，男性在生活与工作中较少以情感联络为出发点而展开自己的行为，他们在决策中也较少注重持久的情感关系。因此，在组织情境中，女性对组织的情感承诺显著高于男性。最后，物质主义与组织公平感等都与情感承诺有紧密的关系，由于男性物质主义较强，不公平感也较高，这也会导致他们有较低的情感承诺。

独立样本t检验表明，对于被试企业而言，责任心人格在男性与女性之间没有显著的差异，这一点与其他研究者的观点不同，比如，Raad和Perugini认为女性更倾向于遵守社会规则与心理契约，而男性则由于社会文化的要求更倾向于突破规则行事，因此，女性的责任心人格水平高于男性（Raad，Perugini，2002）。本研究认为，由于调查的员工皆为成年人，而且很多员工（无论男性还是女性）参加工作已经有多年，这样，他们深深受到了组织文化与工作流程的影响，比如，企业总是要求女员工与男员工要认真工作，担负责任，并且管理制度对不同性别的员工有一致的严格的要求。因此，男性员工与女性员工的责任心人格会向一致的方向变化，即都有较高水平的责任心人格。实际上，在没有外力约束或者环境充满自主选择的情境下，女性一般会有较高水平的责任心人格。本研究的结果也表明，环境因素可以影响人们的人格特征。

独立样本t检验表明，对于被试企业的员工而言，男性与女性在建言行为上有显著的差异，并且女性显著高于男性。这一点与叶云清的观点不同（叶云清，2011）。本研究认为，在我们的传统文化中，女性被期望为“合作的、关爱的”，因此，女性在实际工作情境中更倾向于表达自己的建议。同时，在上面的分析中，本研究发现责任心人格与建言行为显著正相关，而女性在责任心人格上显著高于男性，这也导致女性比男性有更高水平的建言行为。此外，一般而言，在语言表达能力上，女性一般优于男性，因此，在生活与工作中，女性更倾向于表达自己的所思所想（金盛华，张杰，1995），这可能也会增强女性的建言献策行为。

6.2.8 工龄影响组织公平感、物质主义、情感承诺、责任心人格与建言行为

在本研究中，将员工分为低工龄、中工龄与高工龄的三个组别。单因素方差分析表明，对被试企业的员工而言，不同工龄的员工在组织公平感以及其三个维度上皆有显著的差异，并且呈现的趋势是：随着工龄的提高，公平感有所增强。本研究认为，原因存在于三个方面。第一，员工对组织公平的理解与知觉可以影响其离职与否的选择。一般而言，那些感受到较低组织公平感的员工更倾向于离职，而那些感受到公平的员工会更倾向于继续留在企业中。第二，高工龄员工由于市场竞争能力较弱，他们在职业选择上机会不多，而工龄较低的员工则不然，他们可以有更多的就业选择，这样，不同工龄的员工对组织的管理措施、激励制度以及自己接受的待遇就会有不同的解读，比如，低工龄的员工可能更倾向于因为较小的不公平而产生较强烈的不公平感，而工龄较长的员工此时则会采取忍让的态度。第三，低工龄的员工更具有竞争倾向与进取精神，更倾向于进行社会比较，从而产生较高的不公平感。

单因素方差分析表明，在被试企业中，在物质主义以及其成功与中心性两个维度上，不同工龄的员工之间有着显著的差异，并且表现出的趋势是：随着工龄的提高，物质主义水平在下降；但是，在幸福这一维度上，低工龄员工也有低于高工龄员工的趋势，但差异不显著。本研究认为，低工龄员工一般年龄较轻，他们更具有竞争精神，同时他们在生活中也需要更多的金钱或其他物质基础，因此，他们的物质主义倾向较强，甚至认为金钱是最为重要的。而随着工龄延长或者年龄的增大，他们的家庭已经得到了较好的建设，对人生意义的感悟也发生了变化（如更倾向于关注健康与生活意义，而不只是物质占有），这时，他们对工作中工资待遇的期望、对生活中物质占有的欲望等都会有下降趋势。也正因如此，在企业管理实践中，年轻的员工更多地需要晋升与物质奖励来进行激励，而对于老员工则更多地需要精神上的激励，如认可、健康措施等。

单因素方差分析表明，对于被试企业的员工而言，情感承诺在不同工龄之间的员工有着显著的差异，并且工龄较高时，情感承诺水平也较

高。原因有四个方面，第一，低工龄的员工往往意味着他们刚刚加入组织不久，他们对组织的工作流程、组织文化、管理者以及同事等都不太熟悉；第二，低工龄的员工往往有较高的离职倾向，比如，他们会进行更多的社会比较，一旦发现有更好的工作环境，就会离开组织；第三，低工龄的员工往往年纪较轻，他们在组织中较少得到资历方面的利益，因此，对企业的承诺感较低。高工龄员工则相反，对组织的人事、流程与文化皆较为熟悉，并且已经将组织的工作与自己的生活进行了协调安排，因此对目前的组织有较高水平的情感承诺；第四，心理学研究表明，人们对自己经常要去的地方会有较多的情感依赖，对经常出现的事物（如广告）也会有积极的情感态度，这就是常见的暴露效应。

单因素方差分析表明，对于被试企业的员工而言，责任心人格特征在工龄上有着显著的差异，并且工龄较高时，责任心人格水平也较高。这与责任心人格的特点有关。一般而言，年龄大者，责任心人格倾向较高；受到环境要求者，责任心人格也较高（Barrick，Mount，1991）。与低工龄员工相比，高工龄的员工首先是年龄较大，所以他们在生活与工作中更倾向于作出计划并坚持执行等，同时他们在组织中驻留的时间较长，受到组织文化与工作流程的教育时间也较长，因此，其责任心人格水平会较高。心理学的研究也表明，与大学生相比，参加工作的成年个体会有较高的责任心人格特征（Gregory，2004），这也说明工龄较长（年龄较高）者会有较高的责任心。

单因素方差分析表明，对于企业员工而言，建言行为的两个维度以及整个建言行为水平在工龄上有显著的差异，并且表现出一致的趋势：随着员工工龄的增长，员工的建言行为也会有所提高。本研究认为，原因存在于四个方面，第一，在组织中，那些工龄较长的员工更熟悉组织的文化、制度与工作流程，因此，在必要的时候也能提出相关的建议，而工龄较短的员工则较少能够找到与工作相关的建议；第二，工龄较长的员工在组织中一般有较为广泛的人际关系网络，他们甚至与管理者也有较多的人际来往，对同事也比较了解并且容易获得相互的理解与支持，这样，他们在提出建议或改进工作时会有较高水平的心理安全感；第三，低工龄员工对组织有较少的承诺，有时候他们在组织中的工作是试探性的，如果一旦发现自己不喜欢这一组织或目前的工作，就会离职，这样，他们对建言献策便没有较多兴趣；第四，在上面的分析中，本研究已经发现员工的责任心人格与情感承诺与建言行为皆有显著的正相关，而高工龄员工的责任心人格水平更高，情感承诺水平也较高，因此，他们的建言水平也会较高。

6.3 本章小结

本章主要任务在于三个方面，一是根据调查与统计分析的结果来考证各项假设验证的情况。从这一部分的分析中可以看出，本研究的假设都得到了较好的支持。二是在考证假设能否得到验证的基础上，从理论上阐述或解释假设为什么能够得到验证，或者为什么没有得到验证。在简述或解释时，采纳了多个学科领域的理论观点，特别是心理学方面的理论。三是这一部分还分析了员工性别与工龄两个常见的被试变量对组织公平感、物质主义、情感承诺、责任心人格以及建言行为的影响，这些分析可以为组织管理提供一定的启示。

表6-1　**本研究的假设与验证情况**

假设	假设表述	验证情况
假设1	员工组织公平感与员工情感承诺显著正相关	得到验证
假设2	员工组织公平感可以正向预测员工情感承诺	得到验证
假设3	企业员工的组织公平感与其建言行为显著正相关	得到验证
假设4	企业员工的组织公平感可以直接正向预测其建言行为	得到验证
假设5	企业员工的情感承诺与其建言行为显著正相关	得到验证
假设6	企业员工的情感承诺能够显著正向预测其建言行为	得到验证
假设7	对于企业员工而言，其情感承诺是组织公平感与其建言行为之间的显著中介变量	得到验证
假设8	物质主义是员工组织公平感与其情感承诺之间的显著调节变量	得到验证
假设9	对于企业员工而言，其责任心人格是情感承诺与建言行为之间的显著调节变量	得到验证

7　研究后的访谈

有研究者认为，在社会科学研究中，每当测量被试之后，对被试进行适当的访谈是很有必要的（王重鸣，2000）。可以发现被试对所研究问题的看法，或者发现被试与课题相关的内部动机与需要等，这些都可以让研究者更为深入地了解所研究课题的性质以及研究模型的正当性。因此，本研究在正式调查后，还进行了个别的电话访谈。

访谈对象共包括12位员工。这些员工的平均年龄为30.78岁，标准差为7.9岁，年龄最小者为28岁，最大者为54岁。其中男性6名，女性6名。都已经结婚，并且至少有一个小孩。访谈时间在中午休息时间。每次访谈只针对一名员工，最短访谈时间为35分钟，最长为70分钟。

访谈基本上为半结构化的访谈，即确定了部分主题（确定主题），但是在访谈过程中根据情况进行调整。对于每位被访谈对象，已经确定的主题是必须进行的，如果时间允许、被访谈的员工健谈或者很愿意向研究者表达更多的信息，就临时加入一些与研究相关的话题。表7-1是访谈中所涉及的话题。

表7-1 **正式访谈的主题说明**

类型	主题
确定主题	你如何看待员工在企业中的建言献策行为？
	你对目前的企业有感情吗？能否谈谈这方面的看法？
	你或同事在企业中感受到公平或公正吗？能否谈谈这方面的情况？
	有些人认为有很多钱，有很多物质财富是很重要的，你认为这些人在企业中会有哪些表现？
	有些人做事有条理，并且喜欢提前计划，也较负责，你认为这类人在工作中有哪些表现？
附加主题	你喜欢目前的企业吗？
	如果让你建立一个企业，你认为应如何让员工主动提出工作或管理上的建议？
	你认为生活中最重要的事物有哪些？
	你如何评价你目前的直接上司？

访谈过程中的记录以纸笔记录为主。之所以不使用录音器材，主要是发现访谈对象对录音有抵触心理，同时纸笔记录时也主要记录访谈对象所说的要点，并且经过了访谈对象的许可。

7.1 访谈结果处理方式

由于访谈属于定性的研究方式，研究者所面对的数据属于语言描述性的，因此，在对这些数据进行归类整理过程中可能会包含较多的主观成分或先入之见。为了尽量保证客观，避免定量研究中已证假设的诱导，研究者在归类编码时请教了一名心理学博士生，在参考扎根理论的部分观点的基础上，一起对这些定性的访谈资料进行了归纳与整理，在这个过程中，遵从的原则是：归纳含义相近的语句，寻找其中存在的主线。具体而言，整个过程是这样的：

首先，从整体上了解访谈对象对每个主题的观点，并且将相同或相近的观点归纳到一起。例如，针对第一个确定主题“你如何看待员工在企业中的建言献策行为?”，一名女性员工说“在单位中很少有员工主动向上级表达自己的意见”，而另一名男性员工说“在工作中我们经常向上级出主意”，这两个回答含义相近，都指向了“建言献策的广泛性”，因此，将两者归纳在一起。

其次，将每个主题的相同观点进行归类，并且命名，然后形成表格并将其量化。例如，针对第一个确定主题“你如何看待员工在企业中的建言献策行为?”，所有访谈对象的资料显示了三个不同的观点，即“建言献策的缺乏（25次）”“较少建言献策行为的原因（20次）”“管理者应该做什么”。

7.2 具体访谈结果

7.2.1 员工对建言行为的认知

在本次访谈中，有8位员工在“你如何看待员工在企业中的建言献策行为?”这一问题上谈了很多。从整体上来看，被访谈者表达了两个方面的看法，即“建言献策的缺乏（25次）”“较少建言献策行为的原因（20次）”。

（1）建言献策的缺乏

在对员工进行访谈沟通时，他们似乎对“企业中员工建言献策”这一话题非常感兴趣，例如，一位年龄约28岁、在被试企业中工作了2年的女性员工这样说：

“你谈到员工向上级提出管理上的建议呀，这里的学问可大着呢。自从我来到现在的这个单位，每当班组长开会，就会在发言的最后加上句‘当然，如果大家有看法或好的建议，可以直接向我提出来，工作嘛，大家都是为了工作!’他这是老掉牙的客套话，你想，谁会主动去提出什么意见呀？根据我的观察，我们单位中很少有同事向上级提意见的，除非与自己的待遇有关，你想呀，谁愿意去多操那份心!”

另一位48岁男性老员工这样说：

“管理者应该鼓励员工主动提出工作上的建议，我以前当组长时就是这样的，一些热心的员工会向你提些建议或意见什么的。但现在的情况发生了变化，很少有员工在单位中提出工作上的建议，很少有这样的员工了。即使在开会或者领导要求时，员工也不会积极提出建议的。”

总之，在访谈的这些员工中，有11位明确地表达了这样的观点：在单位中很少有员工愿意向管理者提出建议或工作上的意见，除非关系到了自己的切身利益。

（2）较少建言献策行为的原因

在对这些员工进行访谈时，研究者发现，他们都直接或者间接地提到了员工为什么不愿意向管理者或者上级提出自己的建议。归纳分析会发现，原因有两个：一是对单位没有感情与归属感；二是没有受到适当的激励。下面分别阐述这两种观点。

第一个原因是，员工对工作单位没有感情，在心理上与单位有一定的距离，或者在单位中没有归属感，这是员工较少主动提出工作建议的主要原因。有9位被访谈者以不同的话语提到了这一点。例如，一位44岁、在单位工作了10年的男性员工这样说：

“很多同事对目前工作的单位没有多少好感，好像就是一个暂时挣钱糊口的地方，抱着这种心态，他们对工作中出现的浪费与不合理的地方也就睁只眼闭只眼了！……以前主人翁的精神现在根本看不着了！说实话，如果领导能够让员工真的感觉到企业就是自己的家，让员工对单位有感情，我敢说很多人愿意主动提出自己的看法!”

而另一位38岁、在单位工作了6年的女性员工这样说：

“我现在就时刻想着走人。哪里还管它什么责任呢！反正效益也不好，每天都不想去上班，还没到下班时间就想快下班！领导说我们没情没义，他可真说对了！但这又怨得了谁？你告诉我哪里有待遇高点的工作，我明天就辞职！真不想多看领导一眼!”

这位女性员工对单位有很多不满，没有一点儿归属感，这样的心态当然不会给组织提出建议!

第二个原因是，提出好的建议也不会得到奖励，没有激励就没有动力。有8位被访谈者直接或间接地提到了这一点。例如，上面那位38

岁、在单位工作了6年的女性员工这样说：

“你可能不知道，现在工资能够按时发就不错了！奖金都在缩水，哪还有人多嘴多舌地提什么好的建议！我就是想到了也不会提！凭什么？去年领导说完成任务奖励电动车，后来电动车缩水成了自行车！我们单位正有人窝火呢！”

本次访谈的结果表明，公平与公正的激励确实对员工的建言行为有较强的促进作用，特别是在物价水平上升导致的生活压力较大的情况下。一位35岁、在单位工作了8年的男性员工这样说：

“其实领导不会算账。如果工资、奖金公平一些，适当多发点，很多员工还是想出力、想出主意的！现在钱不值钱了，我们就想多挣钱！可能领导的想法和我们员工不同！很多员工觉得工资与奖金不公平，也不公开，满肚子怨气，谁还愿意向领导提建议呢！”

7.2.2 员工对管理中公平与公正的认知

本次访谈发现，在管理过程中，工资与奖金的多少是很重要，但同时，工资与奖金的公平公正性也很重要。被试企业中感受到不公平对员工对组织的情感承诺带来了消极影响，增加了他们的离职意向，损害了他们的建言行为。下面是一位48岁男性老员工的看法：

“中国有句老话，叫‘不患寡，而患不均’，这句话确实有道理。现在被试企业的效益其实不如以前，尤其在东北这里。我们单位的工资、奖金与其他待遇很久没有变过了，很多员工都有意见。更让人气愤的是，很多管理者在工资评定与奖金评定中不公正，大家都习惯了！”

在公正感知中，也存在着工作分配的不公平。一位年龄约28岁、在被试企业工作了2年的女性员工这样说：

“现在领导最喜欢的就是那些能说会道又会拍的人。我们这些年轻的、刚来的老实人肯定是干别人不会去干的活儿！对领导多说好话就是有用！这样给你分配点好活什么都值了！”

访谈过程中发现，一提到公平与公正，很多员工都认为自己没有得到公平与公正的待遇。这一方面可能存在着自利的认知偏差，另一方面可能确实存在着不公平、不公正的组织因素。如一位29岁、在单位工作了5年的女性员工这样说：

“现在谁都觉得自己得到的少，出的力多。但我确实觉得这个社会不公平。那些与领导沾亲带故的员工，干的活轻，拿的钱多！这个我可不是胡说，你可以问问其他人。现在社会都这样，一碗水端不平！”

7.2.3 员工认知中的物质主义价值观

对于这个问题“有些人认为有很多钱，有很多物质财富是很重要的，你认为这些人在企业中会有哪些表现?”，被访谈者谈得特别多，而且话题比较散漫。通过归纳与分类，发现基本上可以得出三个方面的内容：一是金钱很重要，没有钱就没有人来工作（9人提及）；二是钱可以让员工努力工作，也可以让员工离开工作（7人提及）；三是除了钱，员工还应该得到尊重与关心（6人提及）。下面分别论述。

（1）金钱很重要，没有钱就没有人工作（9人提及）

在被访谈的这些员工中，共有9人以不同的方式表达了“金钱很重要”这个观点，并且将金钱与工作联系在一起。例如，一位40岁、在单位中工作了10年的老员工这样说：

“那不用说，钱谁都喜欢，没有钱活不成，更谈不上发展。但现在单位中就是钱少，领导拿多，员工拿少……工作是为了什么？就是为了钱。不过现在工资低，我都想去做点小生意了。”

另一位35岁、在单位中工作了6年的女性员工认为，钱是很重要的，但现在单位效益不好，再努力工作，工资与奖金也不会多到哪里去，因此很多人就这样在单位里耗着，她说：

“现在单位效益不好，不比前几年了。工资待遇低，我们都不想再多出力了，就这样混日子吧。再努力工作，待遇也好不到哪里去……我也不是向钱眼里钻，但没有钱还不如在家里坐着。”

从这些访谈中可以发现，员工对金钱或物质待遇很看重，原因可能在于，首先，现在物价水平不断提高，员工的生活压力较大；其次，与其他地方的工资待遇相比，东北被试企业中的待遇比较低。较低的工资待遇明显影响了员工对组织的感情及其建言行为，尽管在访谈中较少有员工明显提到这一点。

（2）钱可以让员工努力工作，也可以让员工离开工作（7人提及）

访谈中还发现，在员工认知中，金钱或物质待遇很重要，但这对企业管理也是双面的。物质待遇可以让员工努力工作，这是金钱的激励作用。如下面一位29岁、在单位中工作了2年的男性员工这样说：

“谁不喜欢钱呀？鸟为食亡，人为财死。管理者也是使用钱来激励人的。如果奖金高，员工干得就起劲儿……话又说回来，员工也会因为钱而离开企业，因为那些看重（物质）待遇的人也会因为其他企业提供更高的收入而离开。所以，站在管理的角度，用钱激励人是好的，但也不能仅限于钱！”

这一位员工实际上已经提到了本研究的一个观点，即高物质主义者会因为钱而降低对企业的情感依赖！他们更容易被其他企业的较高待遇吸引而离开目前的组织。

另一位29岁、在单位中工作了5年的女性员工这样说：

“工资高当然好，这社会没有钱是万万不能的。我有两个同事就是看到其他公司提供很高的工资而辞职了。他们以前在单位中也经常拿很高的业绩奖励。我们领导还说人家认钱不认人。如果我有这样的机会也会跳槽！人往高处走嘛！”

其他5位员工也以不同的表述提到了金钱对员工的激励作用，以及金钱对人“离职”的作用。

（3）除了钱，员工还应该得到尊重与关心（6人提及）

在本次访谈中，也有6位员工直接或间接地认为，在组织中，员工应该得到合理的工资与其他待遇，但还应该得到领导的尊重与关心，毕竟，员工也是人，他们的需要是多层次的。例如，一位32岁、在单位中工作5年的女性员工这样说：

“我们的单位领导很会管理。他很会感情投资，与员工相处很融洽，能力也比较强……我们有些人至今没有跳槽，就是因为觉得领导很关心我们。总之，除了工资低点儿，大家在一起还比较开心。这也是很重要的。”

另一位45岁、在单位中工作了10年的男性员工这样说：

“我以前在企业中做过管理。我觉得，基本的工资待遇应该尽力得到保证，但是，员工的需要和想法是多种多样的，特别是，领导要平等待人，尊重下属员工，关心他们的所思所想。这样，下属就好管，员工对单位和领导也会有感情。”

7.2.4 员工对责任心的认识

在面对“有些人做事有条理，并且喜欢提前计划，也较负责，你认为这类人在工作中有哪些表现?”这样一个话题时，被访谈的员工表述较为散乱，但通过归纳，可以发现两个方面的含义：一是，责任心较强的员工，工作较为认真，也会提出较多建议（8人提及）；二是，好的管理可以培养员工较强的责任心（6人提及）。

（1）责任心较强的员工，工作较为认真，也会提出较多建议（8人提及）

在本次访谈中，有8位被访谈的员工提到，责任心深刻地影响员工的工作态度，那些责任心较强的员工往往工作较为认真，即使在工资相对较低的情况下也是如此。例如，一位36岁、在被试企业中有5年工龄的女性员工这样说：

“在工作表现上，同事之间有明显的差异。那些有较强责任心的员工，往往工作更认真，甚至认死理儿，他们最看不惯那些工作马虎却又拿同样工资的人。那些责任心不强的员工更需要管理者的监督，如果管理严格，他们也会努力工作，负起责任来。”

同时，在访谈中还有4位员工认为，责任心强弱不仅与工作认真与否有关，还与是否提出工作建议有关，例如，一位44岁、在单位中工作了10年的男性员工这样说：

“我在目前的单位中待了有10多年，我发现那些责任心较强的员工更愿意向领导直言，提出对工作的改进看法。他们很在乎工作，尽管也会抱怨工作待遇低。而那些责任心不强的员工只有在存在奖金时才会提出建议。”

从这一点可以看出，责任心确实与员工的建言行为以及工作表现有关。

（2）好的管理可以培养员工较强的责任心（6人提及）

被访谈的6位员工以不同的方式说明，好的管理可以培养员工较强的责任心。具体而言，那些公平的、关心员工的管理在员工看来就是好的管理。例如，一位35岁、在单位中工作了6年的女性员工这样说：

“我不在乎管理是否严格，但领导一定要公平公正，也要有人情味，在这种领导手下做事心就顺畅，工作起来也会更认真、更负责。如果领导偏私、不尊重员工，手下的员工也会乱来，工作马虎是肯定的。”

另一位29岁、在单位中工作了5年的女性员工这样说：

“员工就是看领导。管理得法，员工责任心就强，管理不得法，员工就会纪律差，责任心差，拿工作不当回事儿……员工的责任心是训练出来的，培养出来的……员工有无责任心，关键看管理，那些关心员工、为员工着想、又精通业务的领导总会管理有方！”

其他的四位员工也以不同的方式表达了大致的意思。总之，员工能否关注工作，认真工作且有责任心，管理因素发挥着重要作用。

7.2.5 如何增强员工建言行为——员工的看法

本次访谈有一个附加问题，即“如果让你建立一个企业，你认为应如何让员工主动提出工作或管理上的建议？”共有4位被访谈的员工回答了这个问题，并且有3位员工的回答内容很丰富，与本研究的主题比较贴近。从整体来看，如果他们是管理者，要增强手下员工的建言行为意愿，企业或管理者应该做到4个方面：一是，尽量要有较高的工资待遇，并且比较公平；二是，管理者要以身作则，努力工作；三是，管理者要让员工对工作与企业有感情，所以要人性化管理；四是，开除那些不负责任的员工。

（1）尽量要有较高的工资待遇，并且比较公平

有3位员工认为，如果他们作为管理者，会用较高的工资待遇以及公平来激励员工的建言献策行为，例如，一位29岁、在单位中工作了5年的女性员工这样说：

“员工在单位中不会向管理者提出自己的建议，这说明员工没有将工作视为自己的事情，根源在于员工没有得到很好的待遇。如果我自己

开办一个企业，我会努力提高员工的工资待遇，毕竟重赏之下才有勇夫。想让马儿跑得快，就得让马儿吃好草……此外，对待员工还要尽可能地公平、平等，有时候，企业比较困难，但如果管理能够始终如一地友好公平地对待员工，将情感与人脉积累起来，员工也会理解管理者的难处。如果在企业日子好过的时候，对待员工不公平，那么当企业困难的时候，很多员工也会拍屁股走人，哪里谈得上给你提出良好的建议？”

另一位年龄约28岁、在单位中工作了2年的女性员工这样说：

“我觉得要想员工提出良好的建议或管理方法，必须向员工承诺良好的工资待遇，并且业绩评价与奖金发放要有看得见的公平，特别是在企业效益不好的时候更得如此，因为企业效益不好时，员工对任何不公平、不公开就会显得不可忍受。我现在的部门工资待遇一般，并且很多同事觉得很不公平，说领导偏爱与自己有关系的人，这导致单位内部也不团结，谁还愿意提出建议？”

另一位年龄约38岁、在单位中工作了6年的女性员工这样说：

“管理者可能也不容易，他们需要员工的看法或建议。但你对员工不好，员工还会对你好吗？如果我在单位中是领导，我会通过各种办法减少浪费，而将省下的钱作为员工的工资或奖金，并让员工知道，我是如何为了提高待遇而努力的。我们单位领导吃喝、招待都很花钱，但在员工身上却很节俭，当然很少有员工主动提出好建议了！”

（2）管理者要以身作则，努力工作

有两位员工认为，管理者以身作则并树立一个好榜样，是激励员工主动提出建议的好方法之一。一位29岁、在单位中工作了5年的女性员工这样说：

“除了工资待遇方面，我还会给员工作一个好的表率，树立一个好的榜样。例如，自己准时上班，按时下班，而不会迟到早退。自己是管理者就得更努力工作才可以，这样才能在无形中激励员工。”

另一位年龄约38岁、在单位中工作了6年的女性员工这样说：

“员工不想提出建议去改进自己的工作，还有一个原因就是，管理者在工作上很不尽心尽力。我参加工作很多年了，我就发现，凡是管理者拼命工作的单位，员工一般也会非常认真工作……因此，如果我是管理者，我会对自己要求严格一点，以便激励员工想尽办法做好工作。”

（3）管理者要让员工对工作与企业有感情，所以要人性化管理

在本次访谈中，有两位员工认为，人性化管理可以培养员工对组织的感情，可以激励员工提出更多的建议。例如，一位32岁、在企业中工作了8年的员工这样说：

“我觉得只是用钱来鼓励员工提出工作建议不难。中国人是讲感情的，作为管理者，还应该学会用感情来笼络员工的心。例如，员工在生日时给员工一点小礼物，或者送去一份祝福。特别是当员工遇到婚丧嫁娶时，领导出面表达心意就显得很重要。平时组织一些单位活动，也很重要。总之，这个人性化的方式对中国人很有效，能够让员工对领导有感情，对企业有感情。这样，我想员工更愿意将工作当成自己的事情，提出更多的好建议！”

另一位29岁、在单位中工作了5年的女性员工这样说：

“有一句话说得好：晓之以理，动之以情。人与人之间的感情很重要。员工与领导之间相互没有好感，员工更不愿意提出建议。只有领导与员工之间有较深的感情时，员工才敢大胆提出自己的看法。”

（4）开除那些不负责任的员工

不负责任的员工对组织的伤害很大。有两位被访谈的员工都直接或间接地提到了这一点。例如，一位年龄约38岁、在单位中工作了6年的女性员工这样说：

“如果我是领导，我首先会开除那些没有一点责任心的员工。工作期间非常散漫，但他们照样拿到同样的工资！这些人的存在意味着：对认真工作的人不公平！他们的行为会起到一个坏榜样的作用！”

一位29岁、在单位中工作了5年的女性员工这样说：

“如果我是管理者，我会首先严格管理，并且降低那些工作不负责任的员工的工资待遇，甚至让他们走人。他们比搭顺风车的人还可恶！我身边就有两个这样的人，但他们与领导关系好，谁也没有办法。我觉得，如果单位中的每个员工都有责任心，单位的事情就好办得多，大家发表自己的看法也会少很多顾虑。”

总而言之，被访谈的员工对这个附加问题的回答表明，员工的组织

公平感、组织情感承诺以及责任心都与员工的建言行为有紧密的关联，这在一定程度上支持了研究的诸多假设。

7.3 访谈总结与讨论

通过访谈，本研究更为清楚地理解了影响员工建言行为的诸多因素，具体而言，员工的组织公平感、情感承诺以及责任心都是与建言行为有紧密关联的变量，这与定量的调查结果是一致的。同时，访谈结果还说明，在本研究调查的企业中，员工的实际建言行为其实较少，员工的建言意愿比较低。其原因是多方面的，除了他们有不公平感、对组织的情感较为疏远，还有工资待遇低、领导者本身没有发挥榜样作用、管理方式不合适等因素。

就本研究的内部效度而言，访谈结果并不能非常严格地支持研究假设，例如，在访谈中并没有发现员工物质主义价值观是其组织公平感与情感承诺之间的显著调节变量。此外，被访谈的员工对责任心的看法显然与人格中责任心的概念有些不同。但从整体上来看，这次访谈的结果表明，在员工的认知中，员工的组织公平感、物质主义倾向、责任心人格、情感承诺四个变量与其建言行为有着紧密的关联，因此，在定量研究中将它们放置于同一个模型中是非常有必要的。

8 管理意义与建议

毫无疑问，对于组织管理而言，增强员工建言行为的意愿是非常重要的，因为管理的信息不仅需要自上而下流动，也需要自下而上流动。本研究考察了员工组织公平感、情感承诺、物质主义与责任心等变量对员工建言行为的影响。其中，组织公平感属于员工对组织管理的认知因素，而情感承诺属于员工对组织的情感因素，物质主义与责任心则属于员工的个体因素。本研究得到的思路或模型对组织的现实管理有一定的启示，本部分主要探讨这一启示的主要内容。

8.1 让员工感受到组织内部的公平

员工是有头脑与思维的人，在很多方面是一个理性分析的个体。员工从多个方面来评价自己的组织，包括组织对自己是否公平。根据公平理论，员工经常在内心中进行社会对比，对比对象既包括过去的自己、目前的同事，也包括企业外部的可比对象。在很多情况下，当员工认为自己在组织能够得到公平的对待时，就倾向于积极评价自己的组织。无论是研究还是管理实践，皆发现当员工认为激励制度公平、管理者对待员工方式公平时，员工会认为组织值得效劳。

根据本研究的观点，员工会在三个方面评价组织是否公平：一是分配公平；二是互动公平；三是程序公平。认真理解分配公平的含义以及管理实践与员工认知的关系，就会发现组织可以有所作为而使员工感知到公平。

8.1.1 让员工认为分配公平

一是工作安排要尽量显示出公平，包括员工的工作量、工作责任和工作种类。也就是说，管理者在向下属分配工作时，必须尽量一碗水端平。在现实管理中，有些管理者并不会做到这一点，例如，部分管理者倾向于根据私人之间的交情而将员工分为“自己圈子内的员工”与“自己圈子外的员工”，并据此来给员工分配工作任务。这是一个非常严重的错误，这种工作分配方式可以被很多员工观察到，并产生不公平感。同时，这也会将员工的注意力转移到“走人情”而不是“好好工作”的错误方向。

二是组织基于员工的工作来公平地分配待遇，包括工资制定、奖金分发以及晋升机会提供等。根据笔者的考察，在被调查的企业中依然有一些员工存在着一些待遇分配不公平的认知，特别是工龄较短的员工。在管理者看来，这些员工特别挑剔，不知满足，总是想从企业中获得超出自己应该得到的待遇；而在员工的认知中，管理者重亲轻疏，在绩效考核与工资待遇规定上存在着不公正与不公平的现象。甚至有员工因为工资待遇的不公平与组织高层管理者发生言语冲突与攻击事件。尽管组织管理者与基层员工都有自己的视角与看法，但如果有较多的员工认为自己的待遇不公平，就可能暗示着组织管理制度或管理方式上有些值得关注的问题。必须指出的是，在组织管理中，员工的公平认知会受到组织管理实践的深刻影响。

8.1.2 让员工感受到互动公平

互动公平实质上是指组织管理者要在实践中多关注员工的看法与意

见。在管理实践中，经常会发现这样的情形：组织努力制定规范的激励制度与其他管理政策，但最后却导致员工的不认可甚至是抗议。例如在参加本研究的企业中，管理者认为员工在工资待遇方面是平等的与公平的，但有些员工却不这样认为。除了管理者与员工所持视角不同之外，还有一个重要的原因就是，组织的管理者在制定组织规范、制度与管理方式时并没有认真倾听员工的意见或建议，或者没有根据他们的想法及时调整管理制度或管理方式。

Heponiemi在研究中发现，尽管组织所处的文化背景在较长的时间内是不会变化的，但是，地区或国家的宏观经济形势却变化较快，员工的需要层次也会较快地发生变化（Heponiemi，Manderbacka，Vänskä & Elovainio，2013）。例如，工龄较短的员工在前3年还很关注物质奖励，但最近却可能较为关注晋升与学习机会。这种较快的变化因素可能意味着组织必须经常适当调整或修正激励制度或管理方式。

这样看来，组织管理者要对员工的看法保持敏感，这就要求管理者要多听取员工的意见，多了解员工的看法，而这正是组织公平感中的互动公平的内容。本研究在调查中发现，有些管理者在制定具体的管理制度（如业绩评价）或管理方式（如工作分配方法）时较少或从来不关注基层员工的想法与意见，或者有选择性地关注部分员工的看法，这导致了部分管理措施从开始就存在一定的偏差。例如，这两年东北的整体经济形势下滑较为明显，但组织的激励制度却没有适当调整，突出的表现之一就是依然有“干多干少都一样”的痕迹，尽管有员工反映过这个问题，但管理者却没有认真思考过，也没有认真做出调整。

在本研究调查的被试企业中，基层员工面对的工作一般是比较结构化的，明天应该做什么，今天就能够确定。这样，管理者也倾向于依靠惯性来进行管理，但实际上，组织面临的环境以及员工一直在发生变化，员工有自己的想法但组织管理者却没有关注与倾听，这样，在员工心目中，管理者就是武断的以及不公平的。Colquitt在调查中发现，在相当多的企业或非营利组织中，管理者较少倾听员工的想法与建议，这损害了员工对组织的信任，也让员工认为组织制度是不公平、不公正的，给组织管理带来了隐患（Colquitt，Conlon，Wesson，Porter & Ng，2001）。

8.1.3 让员工感受到程序公平

程序公平在很大程度上关乎组织管理者在进行与工作相关的决策时是否尊重员工，或者让利益相关的员工参与了决策。也就是说，是否让员工知道这个决策是怎么制定的及其过程。关于这一点，早在20世纪之初的科学管理原理中就已经指出来了，例如，泰勒认为，企业在实施科学管理制度之前，必须与员工商量，获得员工的认可，然后再去实施，否则就会被员工认为是努力榨取员工的新方式。

有研究者认为，组织中的程序公平其实就暗示员工的知情权以及参与程度，那些知识水平较高、自主性较强以及自身权利意识较强的员工更看重组织的程序公平（李晔和龙立荣，2007）。实际上，程序公平也是分配公平的重要保证，因为当员工知道了与自己利益相关的决策过程后，更可能监督、参与制度的设计。研究表明，管理者公开或者让员工参与的决策更容易获得员工的认可，也更容易让员工产生公平感与公正感（Greenberg，1990）。

根据本研究的观察，在调查的被试企业中，有些员工认为组织中的部分决策缺少足够的公平与公正，特别是有关工作分配和待遇分配的决策。这导致了员工对工作与组织的不满，也损害了员工建言献策的意愿。例如，一位离职的员工认为，被试企业中的利益分配过程很不透明，员工知道的情况很少，更谈不上参与，几乎是管理者内部的“勾兑与交易”。一位退休的员工则认为，在被试企业中，关乎员工利益的决策经常有不透明的地方，这导致员工不关心工作，“很多工作流程的效率其实存在着很大的改进空间，但很少有员工愿意主动提出改进的建议，我们都知道的，但没有人愿意去做，因为出力不讨好！”。

本研究认为，在决策中尊重员工、关心员工的需要以及尽可能让员工参与，既可以增进员工的程序公平认知，也可以让员工产生主人翁的感觉，从而有力地增加员工的建言献策行为，最终改善组织的生产效率。

8.2 增强员工对组织的情感承诺

研究显示，组织公平感可以增强员工的情感承诺，但实际上，情感承诺还可以受到其他更多组织因素的影响，例如，管理者对员工的关心、管理者讨好员工的行为（如给员工购买生日蛋糕）以及管理者经常主动与员工沟通等。在现实的管理实践中，很多管理者也是这样做的，这就是中国文化背景中的“人情式”管理。

当员工对组织有较深厚的感情时，员工就会更倾向于将组织的事情视为自己的事情，从而表现出更多的组织公民行为，有更多的建言献策行为（苏东水，2005）。在本研究调查的一个企业部门中，一个基层管理者很擅长这种做法，他会主动找机会或话题与员工进行沟通，如家庭生活琐事、个人的日常想法等，甚至能够将工作融入这种话题之中，从而赢得了员工的好感，也增强了这个部门的凝聚力，员工对这个部门也有很深的感情。实际上，员工对组织的积极情感并非都是通过较高的物质奖励得来的，组织管理者可以通过灵活的方式或者更为人性化的方式来增强员工对组织的情感依赖，包括改善组织内部人际关系（如组织员工喝茶或体育运动等活动）。也有研究发现，那些本来不喜欢员工集体活动的员工在参与了几次欢乐的员工集体活动之后，也会对同事与组织有更积极的评价以及情感态度（Mitsuhashi，2005）。

本研究还注意到一个现象，就是有些管理者更多地关注部门的业绩，或者说他们是生产导向的管理者，缺少了员工关怀导向。尽管组织的重要目标之一就是关注生产，但是，生产是由人来完成的，当员工对组织有积极的情感时，他们会更高兴地工作，从而提高生活效率（Kaplan et al.，2013）。以生产为导向的管理者不能够使员工对组织有更强的亲近感，因为员工还有更多需要，如良好的人际关系、人与人之间的关怀（韩翼和廖建桥，2006）。本研究认为，在企业管理中，管理者应该将关注生产与关注员工需要或内部情感结合起来，力求平衡，而不是特别关注其中一个方面。

8.3 引导员工的价值观

本研究的结果表明，员工的物质主义倾向可以显著调节其组织公平感与情感承诺的关系。一般而言，在组织情境中，那些物质主义价值观较强的员工会更为关注自己能够从组织中获得多少物质奖励或报酬，甚至在具体工作中进行更多的利益算计；而物质主义倾向较低的员工则较多地关注归属需要、人际关系、学习机会或自我实现机会等，他们较为重视自己与组织已经达成的情感网络（Russell W. Belk，1985）。因此，即使有相同的组织公平感，低物质主义者与高物质主义者会有不同的工作行为或倾向。

但是，这并不意味着组织中员工的价值观不可以适当改变。以往的研究表明，人们价值观的形成受家庭、教育与环境的影响，特别是与工作相关的价值观，同时也容易受到组织因素与亚文化群体的影响（Ronen，Kraut，1977）。例如，在重视创新的组织中，员工的工作导向会更为关注创新；而在注重生产效率的组织中，员工的工作导向也会更为重视工作流程的效率，而不是是否有新的创造或发明；而当组织重视销售并且根据销售量用物质待遇激励员工时，员工的工作导向就会特别重视自己的工资待遇，因为这能够展示自己在组织中的业绩与能力（Rynes，Gerhart，Minette，2004）。总之，组织文化（一种亚文化）可以适当地强化或者改变员工的价值观。

本研究的数据表明，那些高物质主义倾向的员工即使有较高的组织公平感时，也会倾向于较低的情感承诺，这不利于他们形成较强的建言行为倾向。因此，本研究认为，在组织管理实践中，管理者应该做到如下三点，以便适当降低员工的物质主义价值观倾向：

第一，在员工招聘时，应该更多地选择低物质主义倾向的员工。由于价值观的形成是一个长期的过程（Allan，Grimes，Kerr，2013），因此，组织在招聘时就应该考虑到这一点，除非组织计划利用物质奖励来激励自己的员工（如销售型企业）。本研究中的被试企业，员工面对的工作是结构化的与常规化的，也很难使用物质激励制度，因此，不应该选择高物质主义倾向的员工。

第二，在进行组织文化建设过程中，应该更多地宣传、提倡奉献精神与主人翁意识。在中国的文化基因中，本来就有较好的奉献与主人翁意识（白靖宇，2010），但很多企业却忽略了这一点，实际上，奉献与主人翁意识并不是与商业社会相悖的，相反，奉献与主人翁意识可以更好地团结员工，适当淡化物质主义对工作行为的过度引导作用。

第三，组织文化中突出家庭式的情感关怀。中国文化中的权力距离较远，并且有家长式管理的传统（斯蒂芬·P.罗宾斯，2005）。这一点可以在东南亚的家庭式企业中获得验证。在组织文化建设中强调家长式的人情，不仅可以直接强化员工对组织的情感关系，还可以影响员工的物质主义价值观。例如，那些“用感情来激励人才，用事业来吸引人才”的文化确实可以发挥很大的作用。

8.4 正确管理责任心较差的员工

本研究的结果表明，当有相同的情感承诺时，那些责任心较强的员工更倾向于有高水平的建言行为，而那些责任心较差的员工则相反。这就说明，当组织希望员工有更多的建言献策行为时，就应该关注员工的人格特征。基于本研究考察的话题，组织在管理中除了增强员工的组织公平感外，还应该做到三点：一是招聘员工时倾向于选择责任心较强的员工；二是在组织中用多种方式鼓励员工建言献策；三是建立建言献策的多种平台或途径。

首先，选择责任心较强的员工。并非所有的员工都能胜任所有的工作，这一点在20世纪的管理实践中经常被提及，例如，科学管理的创始人泰勒就提倡要选择正确的工人，这既是对人的尊重，也是为了提高工作效率。同时，由于人格是长期社会化过程中形成的，一个成年人的人格特征不会轻易改变（Larsen et al.，2011）。这样，从提高员工的建言行为这一目标来看，组织在从事招聘活动时，就应该使用人格测量的方式，选择那些责任心较强的员工，特别是当工作结构化较强时，员工有较强的责任心相当重要，因为管理者没有办法时刻监督员工如何工作。

其次，组织应使用多种激励措施来增强员工的建言行为。尽管责任心较差的员工在对组织有积极情感时也较少有建言行为，但这并不意味着他们不会受到激励的影响，这一点在访谈中也得到了印证，即好的管理方式可以培养出有较强责任心的员工。本研究认为，组织管理者应该努力做到：提供适当的物质奖励、荣誉性奖励；关心员工的生活；让组织更为公平与公正等。

最后，建立建言献策的多种平台或途径。在管理实践中，员工不愿意建言献策有很多原因，例如，那些责任心较差的员工可能更不愿意提出不太确定的意见，或者不愿意因为建议被否定而受到挫伤，因此，组织可以通过多种不同的途径或平台让员工随意表达自己的看法（刘吉发，2013），例如，很多企业建议员工使用匿名的方式（如电子邮件）来提出自己对管理的看法等。

8.5 本章小结

本章结合研究结果提出了管理建议。第一，组织要增强员工的组织公平感，包括分配公平、互动公平与程序公平；第二，组织要通过多种方式来增强员工对组织的情感承诺，因为情感也是推动行为的动力因素；第三，组织要积极地影响或引导员工的价值观，限制物质主义倾向对员工工作行为的过度影响；第四，组织要正确管理责任心较差的员工。总之，组织必须通过多种途径才能增加员工的建言行为。

9　研究结论与展望

基于以上的定量与定性过程，现得出本研究的主要结论：(1) 在组织情境中员工感受到较多的组织公平感时，其建言行为将会增多，主要原因在于，组织公平感能够增强员工对组织的情感承诺，从而让员工愿意建言献策；(2) 在相同组织公平感的情境中，相比于高物质主义的员工，那些低物质主义者更可能对组织有较高的情感承诺，这意味着他们可能会有更强的建言行为倾向；(3) 当员工对组织有较高的情感承诺时，相比于责任心较差的员工，那些责任心较强的员工更可能表现出较多的建言行为；(4) 一般而言，工龄较长的员工有更高的组织公平感、更高的组织情感承诺、更多的建言行为、更强的责任心以及较低的物质主义倾向；(5) 与男性员工相比，女性员工有更高水平的组织公平感、组织情感承诺与较低的物质主义倾向；(6) 管理者要让员工感受到较多的组织公平感、要增强员工对组织情感承诺，并且更多地招聘低物质主义倾向以及责任心较强的员工，这样才能更好地增加员工的建言行为。

上述结论产生的过程非常严谨，从文献参考、观点采择到假设提出，再到量表施测与数据处理分析，皆严格遵从了社会科学研究规范。但是，回顾整个研究过程，发现依然存在着许多的不足与缺陷。下面是对本研究不足与缺陷的剖析，希望能够对未来的同类研究提供某些建议。

首先，要进行更多的、更为深入的理论预备与铺设。一般而言，学术研究非常重视理论预备，因为理论既是提出假设的基础，也是统领整个研究思路的大纲。但是，由于组织行为学（特别是员工工作行为的心理）领域在很多情况下需要借用心理学、社会学甚至是人类学的理论成果，同时由于每个研究课题都有自己的独特性，这样就不可避免地使理论预备呈现“碎片化”的状况，也就是说，没有一个系统的理论可以成为研究思路的指引与铺垫。例如，在本研究中，组织公平感与员工情感承诺的关系为什么会受到物质主义的调节？在提出与之相关的假说时更多地借用了心理学的观点（例如，高物质主义者更关注物质占有而非情感），但是，在管理实践中，管理者会发现较高的物质激励（并且比较公平时）确实可以提高所有员工对组织的评价与情感依赖，尽管并非所有时候都这样。这意味着，组织情境与生活情境有较大的区别，而一般的心理学理论较少关注到这一点。本研究为了验证假设，尽可能地从多个领域中寻找理论支撑，但这些理论支撑较少来自组织行为领域。

本研究认为，在未来同类的研究中，研究者应该更多地梳理组织行为或管理学领域的相关理论与研究结果，以便使研究有更为坚实的理论基础，同时也可以对这些理论进行进一步的深入验证。

其次，进一步完善情感承诺与物质主义两个测量工具。测量工具是获得数据的主要测量手段，在很大程度上制约着研究的内部效度。在本研究中，情感承诺的测量借用了国外学者的观点，但是，由于西方文化与中国传统文化有着较多的区别，这一测量工具能否非常有效地测量到员工对组织的情感承诺，依然需要严格的考证。例如，在中国文化背景下，企业管理者通常喜欢培养员工的“主人翁精神”，管理者也喜欢以关心个人生活的方式来增强员工对组织的积极情感，但在西方文化中，这是不合适的，他们更为关注员工的自主性与个人利益的满足。本研究在访谈中发现，管理者更喜欢用“主人翁精神”“对组织有感情”“舍不得离开企业”等语句来表达员工对组织的感情，这些语句与本研究的情感承诺测量项目有些距离。

在物质主义价值观的测量上也同样有这样的问题。基于不同的文化背景以及不同的经济基础，西方组织中员工的物质主义倾向与中国组织中的员工物质主义倾向有较大的区别，例如，在西方国家，社会福利制度较完善，而中国组织中部分员工的生活依然存在经济上的压力，他们更希望获得或占有较多的物质财富。这时，使用西方研究者编制的物质主义价值观量表来测量中国的员工，可能需要更多的思考。因此，本研究建议，在未来的同类研究中，学者们应该严格地编制符合中国文化背景的情感承诺量表与员工物质主义倾向量表，以便使测量更为有效。

最后，尝试使用现场实验的范式来考察变量之间的关系。组织行为学与管理学这方面的同类研究一般使用相关范式的研究，即在同一时间内使用多个不同的量表来测量被试，获得横截面数据，并且分析变量之间的相关性，然后根据理论指引确定自变量与因变量进行线性回归分析，最后得出结论。但是，从严格意义上来说，这种范式只是考察变量之间的相关性，并没有发现因果关系。例如，在本研究中，组织公平感与情感承诺是显著正相关的，在控制了其他干扰变量之后（如性别与工龄），可以发现组织公平感能够显著正向预测情感承诺，也即组织公平感是自变量，情感承诺是因变量。但实际上，当将情感承诺视为回归分析中的自变量，将组织公平感视为因变量，在控制干扰变量时，也会发现回归效应很显著，即情感承诺能够显著预测组织公平感。如果能够采取严格的实验研究，将会得出更为有效的结论，例如，参考霍桑实验的范式来进行，或者让一组员工想象自己在一个分配公平、程序公平与互动公平的组织中工作，让另一组员工想象自己在不公平的组织中工作，然后让两组员工报告自己对该组织的情感承诺水平，这种范式或许能够真正发现两个变量之间的因果关系。

附录

附1：预研究中使用的调查量表①

尊敬的先生/女士：您好！我是一名在读博士生，现在进行一项调查，目的是了解企业中员工的建言献策行为。本次调查不涉及任何商业秘密与个人隐私，填写时不需要写自己名字，填写的答案也没有正确与错误之分，所有的调查结果只被用在我的研究之中，不会影响到您的日常生活与工作，因此，请大家放心填写。

在填写时请根据自己的第一印象做答，不必在每个题目上思考太久。非常感谢您的参与与支持！祝您身体健康、万事如意！

个人情况简介：

性别（　）；

在这个企业中的工作时间（　）年；

婚否（　）；

① 说明，在预研究调查中，问卷中的项目在顺序上是随机安排的。

有几个孩子（　）；

学历（　）（填写高中以下、高中、大专、本科或以上）

以下是正式调查问卷。填写时根据自己的第一印象作答。谢谢！

请在每个语句后的7个整数中圈选一个数字，所圈选数字越大，表明这一语句的含义越符合您现在的实际情况。

1	当单位内的工作出现问题时，我敢于指出，不怕得罪人	1	2	3	4	5	6	7
2	对于可能会给单位带来损失的问题，我会实话实说，即使其他人有不同意见	1	2	3	4	5	6	7
3	我会指出单位中那些过时的、阻碍效率的规章制度	1	2	3	4	5	6	7
4	我会积极向领导反映工作中出现的不协调问题	1	2	3	4	5	6	7
5	我敢于对单位中影响工作效率的不良现象发表意见，即使这可能使他人难堪	1	2	3	4	5	6	7
6	我会及时劝阻其他员工影响单位绩效的不良行为	1	2	3	4	5	6	7
7	我积极地提出了会使工作单位受益的新项目方案	1	2	3	4	5	6	7
8	我就改善单位工作方式积极地提出了建议	1	2	3	4	5	6	7
9	我主动提出了帮助单位达成目标的合理建议	1	2	3	4	5	6	7
10	我提出了改善单位运作质量的建设性建议	1	2	3	4	5	6	7
11	就单位中可能出现的问题，我会主动思考并提出自己的观点	1	2	3	4	5	6	7
12	我将自己的物品保持得干干净净且井井有条	1	2	3	4	5	6	7
13	我比较善于安排，将事情按时做完	1	2	3	4	5	6	7
14	我并不是一个做事很有条理的人	1	2	3	4	5	6	7
15	我努力把分给我的任务尽心尽职地做好	1	2	3	4	5	6	7

续表

16	我有明确的目标，并且按部就班地朝着它们努力	1	2	3	4	5	6	7
17	在静下来工作之前，我会浪费很多时间	1	2	3	4	5	6	7
18	为达到自己的目标我做了不懈的努力	1	2	3	4	5	6	7
19	一旦我开始从事某件事，我一定坚持把这件事情做完	1	2	3	4	5	6	7
20	有时候，我不能做一个像我应该做到的那样可靠的人	1	2	3	4	5	6	7
21	我是一个办事效率高并且总把自己的工作完成的人	1	2	3	4	5	6	7
22	我从不感到自己做事有头绪	1	2	3	4	5	6	7
23	我力求使自己做的每一件事情精益求精	1	2	3	4	5	6	7
24	我很羡慕那些有奢华家庭、豪车与贵重服饰的人	1	2	3	4	5	6	7
25	人生最重要的成就之一就是占有大量财富	1	2	3	4	5	6	7
26	我不在乎别人把财富占有作为成功的标志	1	2	3	4	5	6	7
27	拥有多少往往意味着生活中成功与否	1	2	3	4	5	6	7
28	我喜欢拥有能够给人留下深刻印象的商品	1	2	3	4	5	6	7
29	我不太在意别人拥有多少财产	1	2	3	4	5	6	7
30	通常我只购买自己需要的东西	1	2	3	4	5	6	7
31	在财富方面，我尽量保持简单生活	1	2	3	4	5	6	7
32	拥有财富对我来说并不是那么重要	1	2	3	4	5	6	7
33	我喜欢购买那些对我不太实用的东西	1	2	3	4	5	6	7
34	购物总是给我带来快乐	1	2	3	4	5	6	7
35	我喜欢在生活中有很多奢侈品	1	2	3	4	5	6	7
36	与别人相比，我不太关心物质的占有	1	2	3	4	5	6	7

续表

37	我现在所拥有的足够我享受生活	1	2	3	4	5	6	7
38	如果能拥有我现在没有的东西我会过得更好	1	2	3	4	5	6	7
39	即使能够拥有更多更好东西，我也不会更幸福	1	2	3	4	5	6	7
40	如果我能买得起更多商品，我将会更幸福	1	2	3	4	5	6	7
41	买不起自己想要的东西常使我心烦	1	2	3	4	5	6	7
42	如果我能在公司里继续工作，将会十分高兴	1	2	3	4	5	6	7
43	我认为公司的问题就是我的问题	1	2	3	4	5	6	7
44	在公司里，我有像家庭成员一样的感觉	1	2	3	4	5	6	7
45	我对公司有情感上的依赖	1	2	3	4	5	6	7
46	在情感上，公司对我来说很重要	1	2	3	4	5	6	7
47	我并未强烈感觉到我属于这家公司	1	2	3	4	5	6	7
48	当我告诉别人我单位的名字时，我有自豪感	1	2	3	4	5	6	7
49	我很高兴在目前的单位上班	1	2	3	4	5	6	7
50	我对目前的工作单位有忠诚感	1	2	3	4	5	6	7
51	我很关注单位的未来发展	1	2	3	4	5	6	7
52	我的工作安排很公平	1	2	3	4	5	6	7
53	我得到的薪资报酬很公平	1	2	3	4	5	6	7
54	我认为我的工作量很公平	1	2	3	4	5	6	7
55	总的来说，我得到的奖励很公平	1	2	3	4	5	6	7
56	我感到我承担的工作责任很公平	1	2	3	4	5	6	7
57	领导的工作决策是基于一种无偏见的方式制定出来的	1	2	3	4	5	6	7

续表

58	领导制定工作决策时会听取员工的意见和看法	1	2	3	4	5	6	7
59	为制定一个正式的工作决策，领导会收集准确又全面的信息	1	2	3	4	5	6	7
60	所有的工作决策对所有的员工一视同仁	1	2	3	4	5	6	7
61	在工作中，领导会表现出对我的友好和关心	1	2	3	4	5	6	7
62	在工作中，领导会表现出对我的尊重	1	2	3	4	5	6	7
63	在工作中，领导对我的个人需要会表现得很敏感	1	2	3	4	5	6	7
64	在工作中，领导会以一种真诚的方式对待我	1	2	3	4	5	6	7
65	在工作中，领导会关注我作为员工的权利	1	2	3	4	5	6	7
66	在工作中，领导会与我讨论与工作有关的决策	1	2	3	4	5	6	7
67	在工作中，当领导的决策涉及我的工作时，会向我解释决策的理由	1	2	3	4	5	6	7

附 2：正式研究中使用的调查量表

尊敬的先生/女士：您好！我是一名在读博士生，现在进行一项调查，目的是了解企业中员工的建言献策行为。本次调查不涉及任何商业秘密与个人隐私，填写时不需要写自己名字，填写的答案也没有正确与错误之分，所有的调查结果只被用在我的研究之中，不会影响到您的日常生活与工作，因此，请大家放心填写。

在填写时请根据自己的第一印象做答，不必在每个题目上思考太久。非常感谢您的参与与支持！祝您身体健康、万事如意！

个人情况简介：

性别（　）；

在这个企业中的工作时间（　）年；

婚否（　）；

有几个孩子（　）；

学历（　）（填写高中以下、高中、大专、本科或以上）

以下是正式调查问卷。填写时根据自己的第一印象作答。谢谢！

请在每个语句后的7个整数中圈选一个数字，所圈选数字越大，表明这一语句的含义越符合您现在的实际情况。

1	当单位内的工作出现问题时，我敢于指出，不怕得罪人	1	2	3	4	5	6	7
2	对于可能会给单位带来损失的问题，我会实话实说，即使其他人有不同意见	1	2	3	4	5	6	7
3	我会指出单位中那些过时的、阻碍效率的规章制度	1	2	3	4	5	6	7
4	我敢于对单位中影响工作效率的不良现象发表意见，即使这可能使他人难堪	1	2	3	4	5	6	7
5	我会及时劝阻其他员工影响单位绩效的不良行为	1	2	3	4	5	6	7
6	我积极地提出了会使工作单位受益的新项目方案	1	2	3	4	5	6	7
7	我就改善单位工作方式积极地提出了建议	1	2	3	4	5	6	7
8	我主动提出了帮助单位达成目标的合理建议	1	2	3	4	5	6	7
9	我提出了帮助改善单位运作质量的建设性建议	1	2	3	4	5	6	7
10	就单位中可能出现的问题，我会主动思考并提出自己的观点	1	2	3	4	5	6	7

续表

11	我将自己的物品保持得干干净净且井井有条	1	2	3	4	5	6	7
12	我比较善于安排，将事情按时做完	1	2	3	4	5	6	7
13	我并不是一个做事很有条理的人	1	2	3	4	5	6	7
14	我努力把分给我的任务尽心尽职地去做好	1	2	3	4	5	6	7
15	我有明确的目标，并且按部就班地朝着它们努力	1	2	3	4	5	6	7
16	在静下来工作之前，我会浪费很多时间	1	2	3	4	5	6	7
17	为达到自己的目标我做了不懈的努力	1	2	3	4	5	6	7
18	一旦我开始从事某件事，我一定坚持把这件事情做完	1	2	3	4	5	6	7
19	有时候，我不能做一个像我应该做到的那样可靠的人	1	2	3	4	5	6	7
20	我是一个办事效率高并且总把自己的工作完成的人	1	2	3	4	5	6	7
21	我从不感到自己做事有头绪	1	2	3	4	5	6	7
22	我力求使自己做的每一件事情精益求精	1	2	3	4	5	6	7
23	我很羡慕那些有奢华家庭、豪车与贵重服饰的人	1	2	3	4	5	6	7
24	人生最重要的成就之一就是占有大量财富	1	2	3	4	5	6	7
25	我不在乎别人把财富占有作为成功的标志	1	2	3	4	5	6	7
26	拥有多少往往意味着生活中成功与否	1	2	3	4	5	6	7
27	我喜欢拥有能够给人留下深刻印象的商品	1	2	3	4	5	6	7
28	我不太在意别人拥有多少财产	1	2	3	4	5	6	7
29	通常我只购买自己需要的东西	1	2	3	4	5	6	7
30	在财富方面，我尽量保持简单生活	1	2	3	4	5	6	7

续表

31	拥有财富对我来说并不是那么重要	1	2	3	4	5	6	7
32	我喜欢购买那些对我不太实用的东西	1	2	3	4	5	6	7
33	购物总是给我带来快乐	1	2	3	4	5	6	7
34	我喜欢在生活中有很多奢侈品	1	2	3	4	5	6	7
35	与别人相比，我不太关心物质的占有	1	2	3	4	5	6	7
36	我现在所拥有的足够我享受生活	1	2	3	4	5	6	7
37	如果能拥有我现在没有的东西我会过得更好	1	2	3	4	5	6	7
38	即使能够拥有更多更好东西，我也不会更幸福	1	2	3	4	5	6	7
39	如果我能买得起更多商品，我将会更幸福	1	2	3	4	5	6	7
40	买不起自己想要的东西常使我心烦	1	2	3	4	5	6	7
41	如果我能在公司里继续工作，将会十分高兴	1	2	3	4	5	6	7
42	我认为公司的问题就是我的问题	1	2	3	4	5	6	7
43	在公司里，我有像家庭成员一样的感觉	1	2	3	4	5	6	7
44	我对公司有情感上的依赖	1	2	3	4	5	6	7
45	在情感上，公司对我来说很重要	1	2	3	4	5	6	7
46	我并未强烈感觉到我属于这家公司	1	2	3	4	5	6	7
47	当我告诉别人我单位的名字时，我有自豪感	1	2	3	4	5	6	7
48	我很高兴在目前的单位上班	1	2	3	4	5	6	7
49	我对目前的工作单位有忠诚感	1	2	3	4	5	6	7
50	我很关注单位的未来发展	1	2	3	4	5	6	7
51	我的工作安排很公平	1	2	3	4	5	6	7
52	我得到的薪资报酬很公平	1	2	3	4	5	6	7

续表

53	我认为我的工作量很公平	1	2	3	4	5	6	7
54	总的来说，我得到的奖励很公平	1	2	3	4	5	6	7
55	我感到我承担的工作责任很公平	1	2	3	4	5	6	7
56	领导的工作决策是基于一种无偏见的方式制定出来的	1	2	3	4	5	6	7
57	领导制定工作决策时会听取员工的意见和看法	1	2	3	4	5	6	7
58	为制定一个正式的工作决策，领导会收集准确又全面的信息	1	2	3	4	5	6	7
59	所有的工作决策对所有员工一视同仁	1	2	3	4	5	6	7
60	在工作中，领导会表现出对我的友好和关心	1	2	3	4	5	6	7
61	在工作中，领导会表现出对我的尊重	1	2	3	4	5	6	7
62	在工作中，领导对我的个人需要会表现得很敏感	1	2	3	4	5	6	7
63	在工作中，领导会以一种真诚的方式对待我	1	2	3	4	5	6	7
64	在工作中，领导会关注我作为员工的权利	1	2	3	4	5	6	7
65	在工作中，领导会与我讨论与工作有关的决策	1	2	3	4	5	6	7
66	在工作中，当领导的决策涉及我的工作时，会向我解释决策的理由	1	2	3	4	5	6	7

参考文献

[1] ADLER N J. International dimensions of organizational behavior [J]. International Executive, 2003, 28 (1): 31-32.

[2] AJZEN I. Attitudes, personality, and behavior [M]. New York: McGraw-Hill Education, 2005.

[3] ALLAN, GRIMES, KERR. Value and culture [J]. Social Science Research Network Electronic Journal, 2013 (75).

[4] BERIT.A materialistic view of men's and women's attitudes towards war [J]. Women's Studies International Forum, 1982 (5): 355-364.

[5] BARRICK, MOUNT. The big five personality dimensions and job performance: a meta-analysis [J]. Personnel Psychology, 1991, 44 (1): 1-26.

[6] BAUMEISTER R F, VOHS K D, DEWALL C N, ET AL. How emotion shapes behavior: feedback, anticipation, and reflection, rather than direct causation [J]. Personality and Social Psychology Review, 2007, 11 (2): 167-203.

[7] BELK R W.Materialism: trait aspects of living in the material world [J]. Journal of Consumer Research, 1985 (12): 265-280.

[8] BELK R W.Materialism: trait aspects of living in the material world [J]. Journal of Consumer Research, 1985, 12 (3), 265-280.

[9] BERGAMI M, BAGOZZ R P.Self-categorization, affective commitment

and group self - esteem as distinct aspects of social identity in the organization [J]. British Journal of Social Psychology, 2000, 39 (4): 555–577.

[10] BOTERO I C, VAN DYNE L.Employee voice behavior interactive effects of LMX and power distance in the United States and Colombia [J]. Management Communication Quarterly, 2009, 23 (1): 84–104.

[11] BROWN S D, LENT R W, TELANDER K, ET AL.Social cognitive career theory, conscientiousness, and work performance: A meta–analytic path analysis [J]. Journal of Vocational Behavior, 2011, 79 (1): 81–90.

[12] BUIJZEN M, VALKENBURG P M.The effects of television advertising on materialism, parent - child conflict, and unhappiness: A review of research [J]. Journal of Applied Developmental Psychology, 2004, 24 (4): 437–456.

[13] BYRNE B M. Structural equation modeling with lisrel, prelis, and simplis: basic concepts, applications, and programming [M]. london: Psychology Press, 2013.

[14] CARROLL J S, DEAN L R.Materialism and marriage: couple profiles of congruent and incongruent spouses [J]. Journal of Couple & Relationship Therapy, 2011, 10 (4): 287–308.

[15] CHIABURU D S, OHIN - SUE, BERRY C M, ET AL. The five - factor model of personality traits and organizational citizenship behaviors: a meta - analysis [J]. Journal of Applied Psychology, 2011, 96 (6): 1140.

[16] CHOI Y, LEE D. Psychological capital, big five traits, and employee outcomes [J]. Journal of Managerial Psychology, 2014, 29 (2): 122–140.

[17] CHRISTOPHER A N, SALIBA L, DEADMARSH E J. Materialism and well-being: the mediating effect of locus of control [J]. Personality and Individual Differences, 2009, 46 (7): 682–686.

[18] COLLINS N L. Working models of attachment: implications for explanation, emotion and behavior [J]. Journal of Personality & Social Psychology, 1996, 71 (4): 810–832.

[19] COLQUITT J A. On the dimensionality of organizational justice: a construct validation of a measure [J]. Journal of Applied Psychology,

2001, 86 (3): 386.

[20] COLQUITT J A, CONLON D E, WESSON M J, ET Al. Justice at the millennium: a meta-analytic review of 25 years of organizational justice research [J]. Journal of Applied Psychology, 2001, 86 (3): 425-445.

[21] CROPANZANO R, AMBROSE M L. Organizational justice: where we have been and where we are going [R]. The Oxford Handbook of Justice in the Workplace, 2015: 3-14.

[22] CROW M S, LEE C B, JOO J J. Organizational justice and organizational commitment among South Korean police officers: An investigation of job satisfaction as a mediator [J]. Policing: An International Journal of Police Strategies & Management, 2012, 35 (2): 402-423.

[23] DEDREU C K, VANVIANEN A E. Managing relationship conflict and the effectiveness of organizational teams [J]. Journal of Organizational Behavior, 2001, 22 (3): 309-328.

[24] DE VRIES G, JEHN K A, TERWEL B W. When employees stop talking and start fighting: the detrimental effects of pseudo voice in organizations [J]. Journal of Business Ethics, 2012, 105 (2): 221-230.

[25] DECKOP J R, GIACALONE R A, JURKIEWICZ C L. Materialism and workplace behaviors: does wanting more result in less? [J]. Social Indicators Research, 2014, 121 (3): 787-803.

[26] DOLAN R J. Emotion, cognition, and behavior [J]. Science, 2002, 298 (5596): 1191-1194.

[27] DONNELLY G, IYER R, HOWELL R T. The big five personality traits, material values, and financial well - being of self - described money managers [J]. Journal of Economic Psychology, 2012, 33 (6): 1129-1142.

[28] ECKERD S, HILL J, BOYER K K, ET AL. The relative impact of attribute, severity, and timing of psychological contract breach on behavioral and attitudinal outcomes [J]. Journal of Operations Management, 2013, 31 (7): 567-578.

[29] ELOVAINIO M, KIVIMÄKI M, VAHTERA J, ET AL. Personality as a moderator in the relations between perceptions of organizational justice and sickness absence [J]. Journal of Vocational Behavior, 2003, 63 (3): 379-395.

[30] FARH J L, HACKETT R D, LIANG J. Individual-level cultural values as

moderators of perceived organizational support - employee outcome relationships in China: comparing the effects of power distance and traditionality [J]. Academy of Management Journal, 2007, 50 (3): 715-729.

[31] FAROOQ O, PAYAUD M, MERUNKA D ET AL.The impact of corporate social responsibility on organizational commitment: exploring multiple mediation mechanisms [J]. Journal of Business Ethics, 2014, 125 (4): 563-580.

[32] FISKE S T.Social beings : core motives in social psychology [M]. 3th edition.Hoboken: Wiley, 2014.

[33] Fredrickson B L.The role of positive emotions in positive psychology: the broaden-and-build theory of positive emotions [J]. The American Psychologist, 2001, 56 (3): 218.

[34] FREDRICKSON B L, BRANIGAN C. Positive emotions broaden the scope of attention and thought-action repertoires [J]. Cognition & Emotion, 2005, 19 (3): 313-332.

[35] GER G, BELK R W. Cross-cultural differences in materialism [J]. Journal of Economic Psychology, 1996, 17 (1): 55-77.

[36] GREENBERG J.Organizational justice: yesterday, today, and tomorrow [J]. Journal of Management, 1990, 16 (2): 399-432.

[37] GREENBERG J, COLQUITT J A. Handbook of organizational justice [M]. London: Psychology Press, 2013.

[38] GREGORY R J. Psychological testing: history, principles, and applications [M]. Boston: Allyn & Bacon, 2004.

[39] GRIFFIN M, BABIN B J, CHRISTENSEN F.A cross-cultural investigation of the materialism construct: assessing the richins and dawson's materialism scale in Denmark, France and Russia [J]. Journal of Business Research, 2004, 57 (8): 893-900.

[40] HARELI S, RAFAELI A. Emotion cycles: on the social influence of emotion in organizations [J]. Research in Organizational Behavior, 2008, (28): 35-59.

[41] HARTLEY A L J. Organizational commitment and job insecurity in a changing public service organization [J]. European Journal of Work and Organizational Psychology, 1998, (3).

[42] HEPONIEMI T, MANDERBACKA K, VÄNSKÄ J, ET AL.Can organizational

justice help the retention of general practitioners? [J]. Health Policy, 2013, 110 (1): 22-28.

[43] HILL N S, SEO M G, KANG J H, ET AL. Building employee commitment to change across organizational levels: the influence of hierarchical distance and direct managers' transformational leadership [J]. Organization Science, 2016, 23 (3): 758-777.

[44] HIRSCHMAN A O. Exit, voice, and loyalty: responses to decline in firms, organizations, and states [M]. Cambridge: Harvard University Press, 1970.

[45] HURTZ G M, DONOVAN J J. Personality and job performance: the big five revisited [J]. Journal of Applied Psychology, 2000, 85 (6): 869-879.

[46] JACKSON J J, WOOD D, BOGG T, ET AL. What do conscientious people do? development and validation of the behavioral indicators of conscientiousness (BIC) [J]. Journal of Research in Personality, 2010, 44 (4): 501-511.

[47] JOHNSON K J, WAUGH C E, FREDRICKSON B L. Smile to see the forest: facially expressed positive emotions broaden cognition [J]. Cognition and Emotion, 2010, 24 (2): 299-321.

[48] JUDGE T A, HELLER D, MOUNT M K. Five-factor model of personality and job satisfaction: a meta-analysis [J]. Journal of Applied Psychology, 2002, 87 (3): 530.

[49] KAPLAN S, CORTINA J, RUARK G, ET AL. The role of organizational leaders in employee emotion management: A theoretical model [J]. Leadership Quarterly, 2013, 25 (3): 563-580.

[50] KHAN S K, RASHID M Z. The mediating effect of organization commitment in the organization culture, leadership and organization justice relationship with organization citizenship behavior: A study of academicians in private higher learning institutions in Malaysia [J]. International Journal of Business and Social Science, 2012, 3 (8): 83-91.

[51] LAURIOLA M, LEVIN I P. Personality traits and risky decision-making in a controlled experimental task: an exploratory study [J]. Personality and Individual Differences, 2001, 31 (2): 215-226.

[52] LE K, DONNELLAN M B, SPILMAN S K, ET AL. Workers behaving

badly: associations between adolescent reports of the big five and counterproductive work behaviors in adulthood [J]. Personality and Individual Differences, 2014 (61): 7-12.

[53] LEPINE J A, VAN DYNE L. Predicting voice behavior in work groups [J]. Journal of Applied Psychology, 1998, 83 (6): 853.

[54] LEPINE J A, VAN DYNE L. Voice and cooperative behavior as contrasting forms of contextual performance: evidence of differential relationships with big five personality characteristics and cognitive ability [J]. Journal of Applied Psychology, 2001, 86 (2): 326.

[55] LIANG J, FARH J L. Promotive and prohibitive voice behavior in organizations: A two-wave longitudinal examination [R]. Paper Presented at the Third International Association of Chinese Management Research Conference, Guangzhou, China, 2008.

[56] LIU B C, TANG T L. Does the love of money moderate the relationship between public service motivation and job satisfaction? the case of chinese professionals in the public sector [J]. Public Administration Review, 2011, 71 (5): 718-727.

[57] LIU R R, MCCLURE P. Recognizing cross-cultural differences in consumer complaint behavior and intentions: an empirical examination [J]. Journal of Consumer Marketing, 2001, 18 (1): 54-75.

[58] LIU W, ZHU R, YANG Y K. I warn you because I like you: Voice behavior, employee identifications, and transformational leadership [J]. The Leadership Quarterly, 2010, 21 (1): 189-202.

[59] MÄKIKANGAS A, KINNUNEN U, FELDT T. Self-esteem, dispositional optimism, and health: Evidence from cross-lagged data on employees. [J]. Journal of Research in Personality, 2004, 38 (6): 556-575.

[60] MASTERSON S S, STAMPER C L. Perceived organizational membership: An aggregate framework representing the employee - organization relationship [J]. Journal of Organizational Behavior, 2003, 24 (5): 473.

[61] MILLIKEN F J, MORRISON E W, HEWLIN P F. An exploratory study of employee silence: issues that employees don't communicate upward and why [J]. Journal of Management Studies, 2003, 40 (6): 1453-1476.

[62] MITSUHASHI K. Toward theorizing organizational emotion: two cultural approaches [J]. Annual Review of Sociology, 2005.

[63] MOORMAN R H, BLAKELY G L, NIEHOFF B P. Does perceived organizational support mediate the relationship between procedural justice and organizational citizenship behavior? [J]. Academy of management Journal, 1998, 41 (3): 351-357.

[64] MORRISON E W, WHEELER-SMITH S L, KAMDAR D.Speaking up in groups: a cross-level study of group voice climate and voice [J]. Journal of Applied Psychology, 2011, 96 (1): 183.

[65] MOWDAY R T, PORTER L W, STEERS R M. Employee-organization linkages: the psychology of commitment, absenteeism, and turnover [M]. New York: Academic Press, 1982.

[66] MOWDAY R T, STEERS R M, PORTER L W. The measurement of organizational commitment [J]. Journal of Vocational Behavior, 1979, 14 (2): 224-247.

[67] MUKOYAMA T, PATTERSON C, SAHIN A. Job search behavior over the business cycle [J]. Staff Reports, 2014, 8 (1).

[68] NEIL F.Capturing human behaviour [J]. Nature, 2007, 446 (7137): 733-733.

[69] Nishikawa K.Enterprises and foreign workers : focusing on high-quality foreign human resouces [J]. Journal of Business Studies Ryukoku University, 2014 (54): 16-36.

[70] NORRIS J I, LAMBERT N M, DEWALL C N, ET AL. Can't buy me love? : Anxious attachment and materialistic values [J]. Personality and Individual Differences, 2012, 53 (5): 666-669.

[71] OH I S, KIM S.Taking it to another level: organization-level personality predicts firm performance [R]. Paper Presented at the Academy of Management Proceedings, 2014.

[72] PALAIOLOGOS A, PAPAZEKOS P, PANAYOTOPOULOU L. Organizational justice and employee satisfaction in performance appraisal [J]. Journal of European Industrial Training, 2011, 35 (8): 826-840.

[73] PERRYER C, JORDAN C. The influence of leader behaviors on organizational commitment: a study in the australian public sector [J]. International Journal of Public Administration, 2005.

[74] PINDER C C. Work motivation in organizational behavior [M]. 2nd edition.London: Psychology Press, 2008.

[75] PREMEAUX S F, BEDEIAN A G.Breaking the silence: the moderating

effects of self-monitoring in predicting speaking up in the workplace [J]. Journal of Management Studies, 2003, 40 (6): 1537–1562.

[76] RAGHUNATHAN R, PHAM M T. All negative moods are not equal: Motivational influences of anxiety and sadness on decision making [J]. Organizational Behavior and Human Decision Processes, 1999, 79 (1): 56–77.

[77] RHOADES L, EISENBERGER R, ARMELI S. Affective commitment to the organization: the contribution of perceived organizational support [J]. Journal of Applied Psychology, 2001, 86 (5): 825.

[78] RICHINS M L, DAWSON S. A consumer values orientation for materialism and its measurement: scale development and validation [J]. Journal of Consumer Research, 1992, 19 (3): 303.

[79] ROBINSON S L, ROUSSEAU D M. Violating the psychological contract: Not the exception but the norm [J]. Journal of Organizational Behavior, 1994, 15 (3): 245–259.

[80] RONEN S, KRAUT A I. Similarities among countries based on employee work values and attitudes [J]. Columbia Journal of World Business, 1977, 12 (2): 89–96.

[81] RYAN A M, CHAN D, PLOYHART R E, ET AL. Employee attitude surveys in a multinational organization: considering language and culture in assessing measurement equivalence [J]. Personnel Psychology, 2006, 52 (1): 37–58.

[82] RYNES S L, GERHART B, MINETTE K A. The importance of pay in employee motivation: discrepancies between what people say and what they do [J]. Human Resource Management, 2004, 43 (4): 381–394.

[83] SHAPIRO D, BRETT J M. What is the role of control in organizational justice [J]. Handbook of Organizational Justice, 2005: 155–178.

[84] STAMPER C L, MASTERSON S S. Insider or outsider? how employee perceptions of insider status affect their work behavior [J]. Journal of Organizational Behavior, 2002, 23 (8): 875–894.

[85] STRADER T J, LIN F R, SHAW M J. Information infrastructure for electronic virtual organization management [J]. Decision Support Systems, 1998, 23 (1): 75–94.

[86] STRAUTMANIS J. Employees′ values orientation in the context of

corporate social responsibility [J]. Baltic Journal of Management, 2006, 3 (3): 346-358.

[87] STROM D L, SEARS K L, KELLY K M.Work engagement the roles of organizational justice and leadership style in predicting engagement among employees [J]. Journal of Leadership & Organizational Studies, 2014, 21 (1): 71-82.

[88] SULIMAN A, KATHAIRI M A. Organizational justice, commitment and performance in developing countries: The case of the UAE [J]. Employee Relations, 2012, 35 (1): 98-115.

[89] SUPER D E. Assessment in career guidance: toward truly developmental counseling [J]. The Personnel and Guidance Journal, 1983, 61 (9): 555-562.

[90] TANGIRALA S, RAMANUJAM R. Employee silence on critical work issues: the cross level effects of procedural justice climate [J]. Personnel Psychology, 2008, 61 (1): 37-68.

[91] TANGIRALA S, RAMANUJAM R. Exploring nonlinearity in employee voice: the effects of personal control and organizational identification [J]. Academy of Management Journal, 2008, 51 (6): 1189-1203.

[92] TAYLOR F W.The principles of scientific management [J]. History of Economic Thought Books, 1911, 7 (9): 723-724.

[93] TRAPMANN S, HELL B, HIRN J-O W, ET AL.Meta-analysis of the relationship between the big five and academic success at university [J]. Zeitschrift Für Psychologie, 2007, 215 (2): 132-151.

[94] TURNLEY W H, FELDMAN D C.The impact of psychological contract violations on exit, voice, loyalty, and neglect [J]. Human Relations, 1999, 52 (7): 895-922.

[95] VAN DYNE L, LEPINE J A. Helping and voice extra-role behaviors: evidence of construct and predictive validity [J]. Academy of Management Journal, 1998, 41 (1): 108-119.

[96] WALUMBWA F O, SCHAUBROECK J. Leader personality traits and employee voice behavior: mediating roles of ethical leadership and work group psychological safety [J]. Journal of Applied Psychology, 2009, 94 (5): 1275.

[97] WANG L, CHU X, NI J. Leader-member exchange and organizational citizenship behavior: A new perspective from perceived insider status

and Chinese traditionality [J]. Frontiers of Business Research in China, 2010, 4 (1): 148-169.

[98] WEISS H M, CROPANZANO R.Affective events theory: a theoretical discussion of the structure, causes and consequences of affective experiences at work [J]. Research in Organizational Behavior, 1996 (1).

[99] WHYTE W H.The organization man [M]. Philadelphia: University of Pennsylvania Press, 2002.

[100] YAO A, ICHIKAWA S, GRAHAM J L.Corporate culture and sales force management in japan and america [J]. Journal of Personal Selling & Sales Management, 1987, 7 (3): 51-62.

[101] ZÁMEČNÍK R.The measurement of employee motivation by using multi-factor statistical analysis [J]. Procedia-Social and Behavioral Sciences, 2014, 109 (0): 851-857.

[102] ZHU R Q, SUN D Y, PENG L M.The relationship between organization justice and job performance: the mediation effect of perceived organizational support [J]. Systems Engineering, 2013, 31 (6): 30-36.

[103] 白靖宇. 文化与管理 [M]. 北京: 科学出版社, 2010.

[104] 陈仲庚, 张雨新. 人格心理学 [M]. 沈阳: 辽宁人民出版社, 1986.

[105] 段锦云, 凌斌. 中国背景下员工建言行为结构及中庸思维对其的影响 [J]. 心理学报, 2011, 43 (10): 1185-1197.

[106] 段锦云, 王重鸣, 钟建安. 大五和组织公平感对进谏行为的影响研究 [J]. 心理科学, 2007, 30 (1): 19-22.

[107] 高晶晶. 中国情境下组织中员工的上谏意愿影响机制研究 [D]. 杭州: 浙江大学, 2011.

[108] 郭惠容. 激励理论综述 [J]. 企业经济, 2001 (6): 32-34.

[109] 韩翼, 廖建桥. 管理学: 人力资源开发与管理——组织成员绩效结构理论研究述评 [J]. 中国学术期刊文摘, 2006 (16): 9-9.

[110] 侯杰泰, 温忠麟, 成子娟. 结构方程模型及其应用 [M]. 北京: 教育科学出版社, 2004.

[111] 黄春生. 工作满意度、组织承诺与离职倾向相关研究 [D]. 厦门: 厦门大学, 2004.

[112] 蒋春燕. 员工公平感与组织承诺和离职倾向之间的关系: 组织支持感中介作用的实证研究 [J]. 经济科学, 2007 (6): 118-128.

[113] 金盛华，张杰. 当代社会心理学导论［M］. 北京：北京师范大学出版社，1995.

[114] 景保峰. 家长式领导对员工建言行为影响的实证研究［D］. 广州：华南理工大学，2012.

[115] 李锐，凌文辁，柳士顺. 上司不当督导对下属建言行为的影响及其作用机制［J］. 心理学报，2009，41（12）：1189-1202.

[116] 李晔，龙立荣. 组织公平感研究对人力资源管理的启示［J］. 外国经济与管理，2003，25（2）：12-17.

[117] 刘光辉，燕良轼，李新利."大五"人格与应对方式对企业员工心理健康的影响［J］. 湖南师范大学教育科学学报，2012，11（2）：110-114.

[118] 刘吉发，金栋昌，陈怀平. 文化管理学导论［M］. 北京：中国人民大学出版社，2013.

[119] 刘苗苗，王一娟，罗正学. 士兵组织公平感对工作满意度影响：组织认同感的中介作用［J］. 中国健康心理学杂志，2012（4）：551-553.

[120] 刘文彬，井润田，李贵卿，等. 员工"大五"人格特质、组织伦理气氛与反生产行为：一项跨层次检验［J］. 管理评论，2014，26（11）.

[121] 刘亚，龙立荣，李晔. 组织公平感对组织效果变量的影响［J］. 管理世界，2003（3）：126-132.

[122] 阮青松，黄向晖. 西方公平偏好理论研究综述［J］. 外国经济与管理，2005，27（6）：10-16.

[123] 时蓉华. 现代社会心理学［M］. 上海：华东师范大学出版社，1989.

[124] 罗宾斯. 组织行为学［M］孙建敏，李原，译. 10版. 北京：中国人民大学出版社，2005.

[125] 苏东水. 东方管理学［M］. 上海：复旦大学出版社，2005.

[126] 泰勒. 科学管理原理［M］. 黄榛，译. 北京：北京理工大学出版社，2012.

[127] 汪新艳. 中国员工组织公平感结构和现状的实证解析［J］. 管理评论，2009，21（9）：39-47.

[128] 王炳成. 薪酬公平、人格特质与工作满意度关系研究［J］. 科研管理，2011，32（3）：91-100.

[129] 王里. 组织行为学［M］. 北京：北京大学出版社，2012.

[130] 王立. 员工工作友情、心理资本与建言行为关系研究［D］. 长春：吉林大学，2011.

[131] 王永跃，朱玥，王铜安. 心理契约破裂、工作满意度与建言行为：神经质的调节作用［J］. 心理科学，2013（6）：1459-1463.

[132] 王重鸣. 心理学研究方法 [M]. 北京: 人民教育出版社, 2000.
[133] 温忠麟, 侯杰泰, MARSH H W. 结构方程模型中调节效应的标准化估计 [J]. 心理学报, 2008, 40 (6): 729-736.
[134] 温忠麟, 侯杰泰, 张雷. 调节效应与中介效应的比较和应用 [J]. 心理学报, 2005, 37 (2): 268-274.
[135] 温忠麟, 张雷, 侯杰泰. 有中介的调节变量和有调节的中介变量 [J]. 心理学报, 2006, 38 (3): 448-452.
[136] 温忠麟, 张雷, 侯杰泰, 等. 中介效应检验程序及其应用 [J]. 心理学报, 2004, 36 (5): 614-620.
[137] 吴维库, 王未, 刘军, 等. 辱虐管理、心理安全感知与员工建言 [J]. 管理学报, 2012, 9 (1): 57-63.
[138] 姚艳虹, 韩树强. 组织公平与人格特质对员工创新行为的交互影响研究 [J]. 管理学报, 2013, 10 (5): 700-707.
[139] 俞文钊. 人力资源管理心理学 [M]. 上海: 上海教育出版社, 2005.
[140] 张春兴. 张氏心理学辞典 [M]. 上海: 上海辞书出版社, 1992.
[141] 张连顺. 孔子"不患寡而患不均"的形上意义及现实意义 [J]. 贵州大学学报 (社会科学版), 2006, 24 (5): 13-16.
[142] 张振刚, 余传鹏, 林春培. 企业履行社会责任对员工工作满意度的影响 [J]. 经济管理, 2012 (3): 76-84.
[143] 赵慧军. 现代管理心理学 [M]. 北京: 首都经济贸易大学出版社, 2000.
[144] 周浩, 龙立荣, 王燕, 等. 分配公正、程序公正、互动公正影响效果的差异 [J]. 心理学报, 2005, 37 (5): 687-693.
[145] 朱其权, 龙立荣. 互动公平研究评述 [J]. 管理评论, 2012, 24 (4): 101-106.

索引